MASTERS
METHOD

井端弘和
HIROKAZU IBATA
荒木雅博
MASAHIRO ARAKI
著

アライバの鉄則

史上最高コンビの守備・攻撃論&プレー実践法・野球道・珠玉の対談

廣済堂出版

アライバの鉄則

はじめに

井端弘和

今回の荒木雅博との共著企画は、私の思いつきからスタートした。

前著『内野守備の新常識』(廣済堂出版)の制作スタッフと雑談した際に、「次回作はどうしましょう?」と尋《たず》ねられた。そこで、私はとっさに、「荒木と、なにかやりますか」と答えたのだった。その後、スタッフを介しての打診を荒木が快諾《かいだく》してくれて、この企画は実現した。

私は入団3年目の2000年に中日ドラゴンズでショートのレギュラーをほぼつかみ、翌01年に荒木がセカンドのレギュラーになった。それ以来、私と荒木は二遊間を守り、打っては1・2番の打順に並び、「アライバコンビ」と呼ばれた。

本書では、私と荒木の野球論やプレーの鉄則を、「守備」「攻撃」「野球道」の3つのテーマに分けてお伝えする。2人の考え方は似通っているのか、異なるのか。読み比べてみるのも面白いだろう。ぜひ、観戦やご自身のプレーにお役立ていただきたい。また、各章の終わりには、それぞれのテーマに沿《そ》った、私と荒木の対談を挟《はさ》んでいる。現役時代にコンビを組む年数が長くなるにつれ、私と荒木の会話量はどんどん減っていった。一部では「不仲説」も流れたと聞いたが、対談を通してその真実がおわかりいただけると考えている。

私と荒木にとって、初の共著となる「アライバ本」。存分に楽しんでいただけたら幸いだ。

荒木雅博

2018年で現役を引退し、中日ドラゴンズの守備・走塁コーチになってまだ2年目。私はまだ野球人としての見識を深めている段階であり、基本的にアライバ関連出版物などの話はおことわりしている。だが、井端弘和さんが発案したという共著企画のお誘いをいただき、私は、「ぜひやらせてください!」とお答えした。井端さんはそれほど特別な存在だからだ。

私は1996年に中日に入団し、その2年後に井端さんが入団してきた。私は高卒で井端さんは大卒のため、年齢は井端さんが2歳上になる。若手時代は公私ともお世話になり、井端さんから学んだことは数えきれない。芸術的な右打ち、ミスの少ない守備、自分のイメージどおりに体を動かせる身のこなし、さらには多角的に物事をとらえる考え方まで。私が23年間もの長きにわたり現役生活を送れたのは、井端さんとすごした時間があったからだ。

いつか、お互いに現役を退《しりぞ》いたあとに、こんな機会が訪れるだろうと予感はしていた。現役当時、お互いにどんな考えを持ってプレーしていたのか——。ついに、そのチャンスがやってきた。井端さんとヒザを突き合わせて野球について語り合うことは、私にとってなにより楽しみなこと。井端さんも、おそらくそうではないだろうか。そんな我々の興奮に思いを馳《は》せながら、ページを開いてもらえたらと思う。

アライバの鉄則　目次

第2章　アライバ「攻撃」の鉄則

荒木雅博の打撃・走塁論～1番打者の役割、安打・盗塁術、攻撃連係～

第3章 アライバ「野球道」の鉄則 205

第1章

アライバ「守備」の鉄則

ARAIBA

荒木雅博の守備論

~セカンドのスキル、切り返し、併殺《へいさつ》、塁上の戦い~

内野手が技術以前に大切にすべきこと

まずは、私が守備で大切にしていたことを記していこうと思う。

といっても、「これが、荒木雅博の守備理論だ」などと大きな顔をするつもりは毛頭《もうとう》ない。私の中に残っているものは、長らく二遊間を組んで、多くを学ばせてもらった井端弘和さんをはじめ、様々な方から教わったことばかりだからだ。その前提に立って、お話ししていこう。

私が守備で最も大事にしていたこと。それは捕り方、動き方といった個人の技術ではない。それ以上に、チームの中で自分がどこに守るかを第一に考えていた。

まず、フィールド全体を見渡し、ほかの野手がどこを守っているか把握《はあく》する。そのうえで自分の守る位置を決めていく。私はセカンドを守ることが多かったが、とくに近くのポジションを守るショート、ファースト、センター、ライトの位置は敏感にチェックした。チームとしていびつな布陣にならないよう、バランスを考えていたのだ。

1人だけ大胆なポジショニングをとることは少なかった。よほどの確信があれば別だが、基本的にはグラウンド全体に大きな穴が生まれないことを重視した。

私は中日ドラゴンズに入団して6年目の2001年、セカンドで中心的に使ってもらえるようになった。その前年からショートのレギュラーに定着していたのが、井端弘和さんだった。私はレギュラーになりたてのころ、井端さんの守備位置を見ながら勉強させてもらうことが多かった。

最初はよく怒られたものだ。試合中に守っていたら、井端さんから「こっち行け!」と指示される。02年に移籍してこられたキャッチャーの谷繁元信《たにしげもとのぶ》さん(元横浜ベイスターズ・中日、元中日監督)からも、やはりポジショニングについてたびたび注意された。試合中に、「なぜこのポジションではダメなのか」という理由を事細かく教えてもらえる時間などない。最初はわけもわからず、言われるがままに守るだけだった。

今にして思えば、変なところを守っていたのだろう。だが、失敗を重ねる中で、自分なりに考えてバランスのいいポジショニングをとれるようになっていった。

だが、これは失敗しないとわからないこと。私は18年限りで現役を引退し、翌19年には中日の二軍内野守備・走塁コーチになった。コーチを経験して改めて感じたことだが、最近の選手はプレー中に「失敗しないように」という思いが強すぎるように感じる。失敗を重ねる中で、学ぶことがある。これはポジショニングに限らず、私が指針にしていることだ。

データがすべてではない、打球方向と名手との駆け引き

プロ野球はいつも決まった相手と戦うことになる。05年からセ・パ交流戦が始まったものの、基本的に同一リーグの5チームと繰り返し対戦していく。そうなると、「このタイプの投手のときは、この方向に打球が行く」という傾向が、ある程度出るものだ。そんなデータをスコアラーからもらって、事前に頭の中に入れる準備はしていた。

ただし、必ずしもデータがすべてではない。だから、打球方向のデータばかりを見ることもなかった。打球方向のデータは右投手と左投手の場合に分けられているが、同じ右投手でも速球派もいれば技巧派もいる。フォームもオーバースロー、サイドスロー、アンダースローと多岐《たき》にわたる。加えて、その日の投手と打者の状態の違いもあるだけに、データを鵜呑《うの》みにはできない。ふとした瞬間に、「データはこっちだけど、今日はこっちを守ったほうがいい」という感覚をつかんで、1歩でも確信を持った方向に動ければ、結果は変わっていく。このあたりは、プロで年数を重ねながら洗練されていったように感じる。

　私は先述したように、基本的に大きくポジショニングを変えることはなかったが、一部例外もあった。例えば、右打ちの名手として知られた大道典嘉《おおみちのりよし》さん（元福岡ダイエーホークス・読売ジャイアンツ、現福岡ソフトバンクホークス二軍打撃コーチ）が打席に入った際は、1球ごとに細かく守る位置を変えたこともあった。

　大道さんには、何度も同じところに打球を落とされた苦い記憶がある。セカンド後方のフライで「これは捕れる」と思いながら打球を追うのだが、グラブの先をわずかにすり抜けてヒットになる。そんな打球が私の記憶に残る限り、3～4回はあった。大道さんはわざと詰まらせて、ライト前に運ぶ。そんな大道さんならではの打球をなんとか捕りたくて、「どこへ打つんだろう？」と考えながら、ポジショニングを変えていた。

　あとになって聞くと、大道さんも、「荒木にヒットを3～4本捕られた」と言っていたそうだから、不思議だ。こちらはもう、あと一歩のところに落とされた記憶しか残っていない。野球選手は成功した記憶より、失敗した記憶のほうが頭に残りやすいのだろう。だから大道さんも、捕られたほうばかりを記憶していたのではないだろうか。

　これだけ昔の失敗を覚えているということは、それだけ自分の中に深く刻まれて、学んでいることの証《あかし》だと思う。だから若いうちは、どんどん失敗をしたほうがいい。思いきって失敗すれば、これだけ忘れずに糧《かて》になっていくわけだ。

衝撃を受けた、井端弘和VS赤星憲広《あかほしのりひろ》の攻防

大道さんが現役のころ（1988～2010年）は私も若かったので、好き勝手に守りたいところを守っていた。だが、キャリアを重ねていくと、どうしても無難なところを選んでいくようになりがちだ。打者が打席に入る前に、「この打者なら、この方向に飛ぶだろう」と動くことはあっても、ひとたび打席に入ってしまえば、大きく変えることはなかった。

同じ内野手としてポジショニングで驚かされたのは、となりにいる井端さんだった。

若いころは横で見ていて、唸《うな》らされることばかりだった。「さっきまでここにいたのに、なんで今はこっちにいてアウトにしているんだろう？」ということがけっこうあったのだ。井端さんには様々なことを教えてもらったし、その野球観には大きな影響を受けた。いい人がとなりにいてくれたなと思っている。

今でも忘れられないのは、赤星憲広《あかほしのりひろ》さん（元阪神タイガース）が打席に入ったときのことだ。赤星さんは我々と年齢が近く、01年から5年連続盗塁王を獲得する快足で、内野手としては大いに意識させられた。井端さんにとっては亜細亜《あじあ》大学の1学年後輩という縁《えん》もある。出塁されると得点につながりかねないだけに、赤星さんが打席に入るだけで、緊張感が走った。

井端さんは、赤星さんが打席に入るといつもセンター寄りに守っていた。ある試合で、赤星さんが三遊間にゴロを打った。その瞬間に私は、「あ、セーフだ」と思ったのだが、そのときに限って、井端さんが三遊間寄りにいた。すぐさま捕って、投げて赤星さんをアウトにした。おそらく、井端さんにとっては会心のプレーだったのだろう。珍しく小さくガッツポーズしたのを、私は見ていた。普段はそういうことをしない人だから、よけいに印象に残っている。自分の狙《ねら》いどおりに事が運んだからこそ、ガッツポーズが出たに違いない。今まで見たことがないくらい、満面の笑顔だった。

「腰高《こしだか》」と言われても、尻だけを下げるのはナンセンス

基礎的な捕球体勢について、私には思うところがある。

私は身長が180センチと、小柄な選手が多いセカンドとしては高いほうだ。そんな体格ということもあってか、指導者から捕球体勢を「腰高《こしだか》だ」と指摘されることが多かった。だが、私には疑問がある。指導者から「腰を落とせ」と言われると、選手は尻だけを落としてしまいがちだからだ。尻だけを落とすと捕球体勢は低く見えるのだが、体にブレーキがかかってスピードが出なくなる。最近、そんな体勢でゴロを捕ろうとする選手を見る

骨格や柔軟性は個人差がある。基本はふまえながらも、自分なりの形を作ることが重要だ。

ことが多くなってきたように感じる。私はコーチから「腰が高い」とどんなに指摘されても、尻を真下に落とすような体勢にはしたくなかった。基本的に骨盤《こつばん》を前傾させて、体重を前にかけた状態から重心を落とす。これが、私の考える捕球体勢だった。

実際に尻を落として構えると、肉体的にキツいことがわかる。だが、それは結局、指導者の自己満足でしかない。選手にキツいことをやらせていれば、練習させている雰囲気ができるし、まわりも「厳しい練習をやっているな」と見る。だが、私からすると、それはコーチ自身のためであって、実際に選手のためになっているとは言いがたい。

尻を落としてゴロを捕りにいくと、窮屈《きゅうくつ》な体勢になってしまい、捕りにくい。また、そんな体勢で捕っても、そこからステップをどうするのか。後ろ向きに体重がかかっているだけに、次の動作に移りにくいのだ。だから私は、多少腰が高く見えようとも、前傾姿勢で捕球したほうが次の動作に移りやすいと考えている。

送球イップスになりたくなければ、「ラクをしないこと」

送球のポイントは、「足を使うこと」だと私は考えている。その前に、1つ告白したいことがある。それは、私がプロ入り後に送球イップスに陥《おちい》ったことだ。イップスとは、今まで当たり前のようにできていた動作が、自分の思いどおりにできなくなってしまうことを指す。とくに送球イップスになってしまう野球選手は多く、プロといえども、例外ではない。

私は熊本工業高校時代におもにショートを守り、プロでセカンドにコンバートされた。セカンドは一塁までの距離が近いため、どこからでも投げられてしまう。どんな体勢でも、たとえヒザが地面に着いていても、腕だけで投げられる。最初は「楽勝だ」と思っていたのだが、そこに落とし穴があった。あるとき、ふと「あれ、どこでボールを離せばいいんだ？」と考え始めると、どんどんおかしくなっていった。小手先で投げているうちに送球の精度が落ち、しまいには、自分の投げ方がわからなくなってしまった。私だけでなく、セカンド経験者には、イップスになる選手が多いと感じる。

そうならないためには、キャッチボールのときから常に基本どおり、足を使って投げること。私の場合、それは引退するまで続けていた。キャッチボールだけは、手を抜いたことがないと断言できる。1つ気を抜くと、また元に戻ってしまうという恐怖感があった。

サードやショートから一塁に投げるように、しっかりと上から振りおろすように投げればいい。上から腕を振れば、左右にズレることはない。だが、セカンドで横から投げてばかりいると、左右のズレが生じるようになる。

下半身にも意識が必要だ。ステップするヒザを伸ばさずに、投げる方向に向ける。そんな下半身の形を作ってしまえば、あとは投げるだけ。下半身を使えていないと、先に腕だけが動いてしまう。練習のときから下半身をしっかりと使うことで、腕が先にいかないように体に覚え込ませるのだ。極端なことを言えば、100回投げたら100回同じ動きができるレベルまで。それくらい再現性を高めるために、形を作っていくしかない。

最初は、どこからでも投げられた。「なんで、こんな簡単なことができないんだろう？」とさえ思っていた。だが、そのしっぺ返しはすぐに訪《おとず》れた。これからセカンドとして上の世界でもやっていきたいと考えている選手には、こう言いたい。

「セカンドはラクだけど、ラクをしないこと」

セカンドがイップスに陥《おちい》りやすい理由

プロだろうとアマチュアだろうと、イップスの症状はみんな一緒だ。イップスを経験したことがある人のつらい心情は、よく理解できる。イップスになると、指にボールをかけるのが怖《こわ》くなる。指にかけられなくなると、今度はボールが抜け始める。抜けないようにと思うと、今度は引っかける。この悪循環を繰り返すことになる。セカンドなら一塁まで山なりで軽く投げればいいと思われるだろうが、イップスが悪化していくと山なりでも投げられなくなる。ここまでいってしまうと、もうスタートに戻るしかない。

セカンドがイップスになりやすい理由は、角度もあるだろう。サードやショートはゴロを捕って一塁に投げる際、そのまま大きく体を動かさなくても、送球にスムーズに入っていける。ところがセカンドの場合、打球を捕ったあとに左肩を内に入れる動作が入る。ここでの肩を入れる角度が、非常に大事になる。肩を内に入れすぎてしまうと、投げる際に再び肩を開くので、時間がかかりすぎてしまう。逆に肩を入れないと、ボールが抜けてしまう。この肩を入れる動作は、サードやショートにはないもので、難しい。

この違いも、セカンドがイップスになりやすい要因の1つではないかと、私は思う。だから、下半身をしっかり使ったうえで、肩の角度を覚えてしまう。そうすれば、ある程度のところにはボールが行くようになるはずだ。ただし、それは並大抵《なみたいてい》の訓練では習得できない。私は現役を引退するまで、模索し続けていた。また、セカンドは、幅広い距離を投げなければならない。一、二塁間のゴロを捕って一塁に投げる際は短いが、ライトフェンスに達した打球で中継プレーに入り、三塁に送球する際など大遠投になる。「この距離は、これだけの力で投げよう」などと、いろいろと考えていくと難しいものだ。

私の考えは、「短い距離を基本どおりに投げて、長い距離はそのまま強く投げればいい」ということ。そう考えるようにしないと、感覚のズレが生じる。長く野球をやってきていると、「調整できるだろう」と過信し、感覚のズレが出てしまいがちだ。そうなったら、やはり最後は基本に戻るしかない。もちろん、これはあくまで私の経験上のことであって、ほかの選手すべてに当てはまるものかはわからない。基本に立ち返ったことで、最低限の送球はできるようになったものの、不安は最後までつきまとっていた。ひとたび「野球は怖いものだ」と頭に入ってしまった時点で、その恐怖が完全に消えることはないのだ。

だが、私の場合は「その分、練習を続けなければいけない」と思えたからこそ、長く現役生活を送ることができたのかもしれない。少しでも気を抜いたら、いくらプロ野球選手と言えども、実力はガタガタと落ちていく。それはスローイングに限らず、バッティングも一緒だ。若手時代にその真理を知ることができたのは、結果的に幸運だったと言える。

井端さんと一緒に使っていた厳重なグラブケース

野手にとって、グラブは大事な商売道具である。プロ野球選手ともなれば、それぞれにこだわりのポイントがあるものだ。

私の場合、「フィット感」だった。これはグラブもバットもそうだが、自分の体とボールのあいだに「道具」という感覚が入ると、あまりうまくいかなかった。実際には「道具」

であることに違いはないのだが、とにかく「自分の体の一部」にしてしまいたかった。

スパイクにしても、求めていたのは裸足《はだし》で走っているようなフィット感。だからグラブもピタッとハマった状態、手と一体化する感覚が欲しかった。極端なことを言えば、グラブをはめたまま生活できるくらい。それが究極だと私は思っている。だから試合に出ていないときでも、ベンチにいるときは、常にグラブを左手にはめていた。

グラブの固さに関して重視したのは、固さより、「張り」。新しいグラブが到着した段階でいきなり柔らかいのではなく、最初は張りがあってほしい。最初から柔らかい状態でグラブが来ると、私の場合はすぐシワができてしまう傾向があった。新品はなるべくパンパンに張った状態で作ってもらって、使っていくうちに自分の手の形にフィットさせる。だから、固さ、形よりも、こだわっていたのは張り。あとは自分でグラブを作っていく感覚だった。

公式戦で使えるようになるまでには、半年くらいかかる。シーズン終わりの8~9月に翌年用のグラブが3個くらいメーカーから届くのだが、その中から「これでいこう」というものを選び、整え始める。シーズンオフのあいだは寝かせておいて、春季キャンプで再び使い始める。そして、オープン戦くらいからいけるかどうかを見定めていく。フィットしなければ、前の年に使っていたグラブを再び使うようにしていた。

私の場合は1年間、同じグラブを使い続けていたが、中には使うグラブをコロコロと変えていた人もいた。井端さんなどは、まさにそんなタイプだった。

井端さんのグラブの使い方、整え方はマネできなかった。新品のグラブが届いたその日、ガチガチに固い状態でも平気で練習に出ていくのだから。井端さんは「いけるやろ」と言うのだが、私は「いやいや、いけないでしょ！」と突っ込んでいた。「ライナーが来たら、どうするんですか？」と聞いても、井端さんは「普通に捕れる」と言うので、もはや笑うしかなかった。井端さんは固くても問題がなく、むしろ固さを求めていたようだった。

井端さんは、グラブの管理にもこだわりがあった。カメラマンが使うようなジュラルミンケースをグラブケースとして使い、持ち運んでいた。井端さんから「お前も作れ」と言われたため、私も同じものを作ることになって、2人で使っていた。当時、そんな固いケースを使っている選手は、ほかにいなかった。普通の選手はグラブにボールを1球入れて、そのまま遠征用バッグに放《ほう》り込んでいたのだ。

最近、スポーツメーカーからグラブケースが販売されるようになったが、その走りは間違いなく井端さんだろう。今の選手はさすがにジュラルミンケースまでは持っておらず、メーカーが販売している軽量化された素材のものを使っている。

私は現役晩年、「荷物を運んでくれる人に申し訳ない」と、グラブケースに入れなくなってしまった。よけいな荷物が増えることに罪悪感が生まれるようになったのだ。まわりの人のことを考えるようになって、自分も大人になったなと思う半面、気づかないうちに失ったものもあったのかもしれない。皮肉にも、そのころから私はレギュラーではなくなっていた。

セカンドのいちばん安全な場所は、「二塁ベース上」

内野の華《はな》と言えば、やはりダブルプレーだ。二遊間はとくにダブルプレーに参加することが多く、成否のカギを握っていると言っても過言ではないだろう。成功させるには、そもそも打者の放《はな》った打球が強いかどうかという要因もある。そのうえで守備側が大事にすべきことと言えば、「相手の投げやすいところに投げる」というところだと思う。

私は二塁ベースカバーに入った井端さんに投げるケースが多かったが、井端さんは体の中心より右側（向かって左側）に投げると次の動作に移りやすそうだった。ただし、私にコンスタントにそこへ投げるだけの技術がなく、だいぶご迷惑をおかけしたのだが……。

逆に井端さんは、いつも私が投げやすいところにボールを投げてくれた。私が投げやすいのは体の中心、やや右寄り。私は捕ってからの流れでボールを右側に持っていきたいタイプだったため、完全に右側に投げられるとリズムが崩《くず》れ、次の動作に移りにくかった。

井端さんの送球が私の左側にそれることはまずなかった。だいたい体の中心より、気持ち右側。もちろん、回転も捕りやすいボールが来ていた。

17年から、「ゲッツー崩し」などを狙った危険なスライディングが禁止されたが、かつてはセカンドへのラフプレーは当たり前のようにあった。

二塁ベース上で送球を待つ際、ランナーは背後から迫ってくるため、最初はスライディングが怖くて、なかなかダブルプレーが取れなかった。一塁に送球したあとにランナーにぶつかられるならまだいいのだが、投げる前にぶつかられるのがいちばん怖かった。

だから常に、一塁ランナーが誰かをチェックしていた。例えば、デッドボールを受けて出塁した外国人選手などは要注意。チームとして恨《うら》みを買っており、報復に来ることが予想されるからだ。私は福岡ソフトバンク時代のフリオ・ズレータ（千葉ロッテマリーンズなどにも在籍）にスライディングされて、頭から地面に落ちたことがあった。

スライディングを回避するために、私はいろいろな立ち位置を試《ため》してみた。だが、たどり着いた結論は、「二塁ベース上が、いちばん安全」というものだった。

セカンドが一塁に送球する段階で二塁ベースから前や後ろに移動すると、逆にランナーとしてはアタックしやすいのだ。私もランナーの立場から考えると、ベースから離れてくれればくれるほど、狙いやすかった。逆に、二塁ベースが目の前にあると狙いづらい。ベースが障害物になっていて、怖いからだ。だから、セカンドで守っているときは、なるべく二塁ベースから離れないように、真上にいることを心がけていた。結果的にベースの上にいるのがいちばん安全なのだ。ベースがランナーからセカンドを守ってくれる。

スライディング技術が巧《たく》みですごいと思ったランナーは、元木大介《もときだいすけ》さん（元巨人、現巨人ヘッドコーチ）だ。例えば一死一、三塁で元木さんが一塁走者だった場合、元木さんは二塁ベースカバーに入った選手の足を絶妙に絡《から》めとっていくのだ。足の動きさえ封じてしまえば、ダブルプレーは崩せる。

元木さんのスライディングはスピードが落ちない点も厄介《やっかい》だった。ただし、あくまでチームのため、打者走者のためで、内野手にケガをさせるような危ないスライディングではない。

元木さんも二遊間を守ることがあったが、私は年下なのでなかなかやり返せないというもどかしさもあった。今となっては、そういう攻防もあったということをお伝えしておきたい。

セカンド特有の「切り返し」の極意

セカンドの重要な動きの1つに、「切り返し」がある。セカンドゴロからのダブルプレーを狙う際、二塁ベースカバーに入るショートへ送球するため、体を90度右側へ切り返す必要がある。この瞬時の動作がセカンドの難しさで、なおかつダブルプレーのポイントとなる。

大事なのは、次の送球動作を意識しすぎて、ゴロを捕るときに左足に体重が行かないようにすること。右側に重心がある状態でゴロを捕れれば、体の右サイドを軸に回って、素早く切り返せて正確に投げられるのだ。捕球時に左側に体重が行ってしまうと、再び右側に重心を移して、「よっこいしょ」と投げなければならない。当然、動作は遅くなる。

それと、セカンドには、「回転して投げる」難しさもある。一、二塁間のゴロを捕球した際、左回転してから一塁や二塁に投げなければいけないが、平衡《へいこう》感覚が乱れるだけでなく、ボールを指に引っかけてしまいやすくもなる。あくまで感覚的なものだが、その対策として、私の場合はボールを早めに離してやることを意識していた。標的よりもやや右側に投げるくらいのつもりで、早めにリリースすると、結果的にちょうどいいところに行く。

ダブルプレーの場合は、二塁ベースカバーに入ったショートに投げる際、三塁方面にボールを引っかけると、ショートはもう次の送球動作に移れなくなる。だから、回転して早めにボールを離しても、こちらから見てショートの右側にボールが行くので、ショートは流れのまま一塁に投げられる。これはあくまで私の感覚であり、合わないという人もいるかもしれない。自分の感覚を早くつかんだ者が勝てる世界だけに、いろいろと試すといいだろう。

セカンドは「静止画」ではなく、「動画」で野球をやらなければいけない。いかにして、動きの中でプレーができるかがカギを握る。

「アライバプレー」は、井端さんの周到な準備が支えていた

井端さんと長く二遊間でコンビを組ませてもらう中で、「アライバプレー」と呼ばれる連係プレーが誕生した。それは、二遊間のゴロをセカンドの私が逆シングルで捕球し、ショートの井端さんにグラブトス。井端さんが一塁に素早く送球して打者走者をアウトにするプレーのこと。一塁走者がいない状態で、4―6―3で打者をアウトにする形だ。

このプレーは、練習も打ち合わせも、本当に1回もしたことがない。偶然生まれたプレーなのか、それとも井端さんがやろうと思っての必然なのか、それは私にはわからない。

ある試合で、私が二遊間のゴロを捕ったはいいが、どう考えても一塁に投げてもセーフだろうという場面で、すぐ近くで声が聞こえた。実際になんと言っていたかは判然としないが、声の方向へボールを離してみるかな……とグラブトスしたら、そこにショートの井端さんがいた。これが「アライバプレー」のすべてだ。

私はアライバプレーを通して、「すごいな、この人は」と改めて思った。自分が捕らない打球でも、井端さんは気を抜かずに次のプレーを予測していたということだから。「荒木が捕れば、もしかしたらこっちに投げるかもしれない」と想定していたわけだ。

もしも、ずっと前から井端さんが二遊間の打球に追いついた私に声をかけていたのだとしたら、私の視野が広ければ、もっと早くアライバプレーは実現していたのかもしれない。なにに対しても、常に準備ができていたのが井端さんというプレーヤーだった。

井端さんのおかげで、二遊間の打球への選択肢《せんたくし》が2つから3つに増えた。その場で踏ん張って一塁に投げるか、ジャンピングスローをするのか、または井端さんにトスするのか。

井端さんは、「あのプレーの主導権は荒木が握っていて、投げるかどうかは荒木が決めている」と言っていたらしい。確かにそうだが、私が主導権を持っているように見えて、「手のひらの上で転《ころ》がされているのは私のほう」というのが実際のところだったと思う。

私は肩が強いほうではないし、ジャンピングスローをしても早く一塁に届くわけではなかった。球際ギリギリで難しい体勢で捕った際に、「どうせ一塁セーフになるのなら、トスしてしまえ」と、それくらいの感覚だった。二遊間の打球に追いつくと、ショートからは、だいたい井端さんの声が聞こえた。しかし、別の選手と二遊間を組んだ試合でアライバプレーを試《こころ》みたら、私がトスしたボールがその場にトン、トン……と転がったこともあった。

そのときは内心、「だよね」と妙に納得した。普通のショートなら、やっぱりここまで来ることはないんだよな、と。そのとき、ショートを組んでいた若い選手に、「これからは、ここまで来ておいてね」と伝えた。だが、成立したことはなかった。

「踏ん張って投げるか、ジャンピングスローか」という選択肢に、アライバプレーが加わった。

コンビが熟成すると、互いに気にならなくなる

井端さん以外の選手と二遊間を組むときは、勝手の違いを感じずにはいられなかった。その相方が若い選手の場合は、井端さんが私にしてくれたように、「こうしたほうがいい」と、アドバイスを送った。だが、井端さんが試合に出ていれば、私はショートを気にせず自分のことをやればいい。ショートの領域は井端さんがすべてやってくれるから、肉体的にも精神的にもラクだった。むしろ井端さんは、レギュラーになった当初はキツかったのではないだろうか。常に、「ひよっこのセカンド」を気にしなければならなかったのだから。そんな事情から、コンビが熟成されるまでは、4～5年はかかったという実感がある。

私の感覚で言えば、若いうちはみんなで群れて一緒に野球をやっているという感じだった。でも、毎年のように優勝争いをするようになった当時の中日のメンバーは、みんな1人でやっていくタイプになっていた。一匹狼の職人集団と言うと聞こえがいいかもしれないが、宿舎に帰るとみんなバラバラにすごす。自然とそういう感じになっていった。

若手時代は1年早く井端さんがレギュラーに定着していたが、井端さん、私、福留孝介《ふくどめこうすけ》（元中日、シカゴ・カブスなど。現阪神）の3人が同世代で同じような時期にレギュラーに

なった。最初は3人でまとまっていったが、いつのまにか、みんながバラバラになっていった。それが本当の意味でレギュラーになるということなんじゃないかと思う。

コンビが熟成されたあとは、井端さんは「まったくセカンドを気にしなくなっていた」と言ってくれていたようだ。私も同じような感覚だったが、その後も井端さんがどこを守っているかは、チラチラと確認するようにしていた。最初は余裕がなくて、「どうしてここを守っているんだろう?」というところで思考が止まっていたのが、徐々に慣れてくると、「井端さんがこの位置にいるということは、こういう感覚で守っているのかな。なら、次はこんなプレーが起きるから、自分はここを守ろうかな」というように、考えが深まっていった。

レギュラーになりたてのころは、私がまったくまわりを気にかけられなかったため、その分、井端さんが気にしてくれていたのだと思う。私が少しはまわりを見られるようになってからは、ようやく井端さんもセカンドを気にする必要がなくなったのではないか。

二塁牽制《けんせい》は、リスクが大きい諸刃《もろは》の剣《つるぎ》

ランナー二塁の場面では、セカンドとショートはランナーをなるべくベース付近に釘《くぎ》づけにするために、二塁牽制《けんせい》に入る動きを見せなければならない。

とはいえ、セカンド時代の私がやっていたことは、二塁ベースの近くに寄って、いつでもベースに入れる雰囲気を出しておく程度。それでも、ランナーコーチに警戒させて、「(二塁牽制が)あるぞ、あるぞ」と言わせるだけでも一定の効果はある。そして、基本的に二塁牽制のベースカバーには、ショートの井端さんが入っていた。というのも、二塁ランナーの視界に入りやすいセカンドがベースカバーに入っても、アウトにはなりにくいからだ。ショートのほうがランナーの死角になるため、アウトになりやすい。井端さんは、二塁ベースに入るタイミングが絶妙で、サインの出し方もうまかった。

また、中日はいいピッチャーが多かったため、私たちが細工する以前にピッチャーが抑えてくれたという現実もあった。だから、二塁牽制は積極的にやらなかった。

井端さんとポジションを交換して私がショートになった際も(10年)、二塁牽制でアウトにできたのは1回あるかないかだろう。私としては、あまりうまく入れなかった記憶がある。

井端さんは、「二塁牽制はなるべくやりたくない」という考えだそうだ。プロで二塁牽制を2回以上も続けることはまずないため、「もう牽制はありませんよ」と教えているようなもの。私がランナーだったときも、二塁牽制が1回でも入れば、「次は三盗できるな」と考えた。また、ピッチャーとの呼吸が合わずに牽制球がそれれば、失点につながるリスクもある。

私も、その考えがいつしか乗り移ったのかもしれない。振り返ってみれば、高校時代はひんぱんに二塁牽制をやっていた。今では、なるべく二塁牽制はやらないほうがいいという認識に変わっている。

宮本慎也さんに教わった「内野フライを捕るコツ」

内野守備で意外と見落とされがちな大きな壁が、「内野フライ」だ。

真上に上がるだけに、外野フライとは違う難しさがある。ドーム球場はまだいいが、屋外球場は風があるため難しかった。とくに、海が近いと風が強く、横浜スタジアム、甲子園球場、ZOZO《ゾゾ》マリンスタジアムといった球場は、ドキッとするフライが多かった。

私は昔、内野フライがあまり得意ではなかった。フライを後ろに落としたこともある。内野手がフライを落とすのは、後ろがほとんど。前方に上がったフライはだいたい捕れるものだ。

そんな私に転機が訪れたのは、宮本慎也さん（元東京ヤクルト）のアドバイスだった。横浜スタジアムで私が内野フライをエラーした場面をたまたま見た宮本さんが、オールスター戦で笑いながら、「お前、フライへたやなぁ」と声をかけてきた。そして宮本さんは、「俺も昔は苦手やったんやけど、教えたるわ」と言って、コツを伝授してくれた。

まず、宮本さんは「お前、帽子のつばを気にしたことはある？」と聞いてきた。「いえ、ありません」と答えると、宮本さんは「フライが上がったときに、帽子のつばよりも先にボールが行かなければ、捕れるよ」と続けた。つまり、体をそらすことなく、首を動かさないようにして帽子のつばにボールが隠れない状態を保てば、捕りやすいというのだ。

帽子のつばからボールが消えそうになったら、足を動かして下がればいい。私はそこで初めて、「帽子のつばは、このためにあるんだな」と悟った。

高い内野フライを捕るには、首を動かさないこと。あとは、つばを基準にボールを追えばいい。宮本さんにこのテクニックを教わってから、私は劇的に変わった。それまで屋外の球場ではフライが上がるたびにドキドキしていたのが、完璧《かんぺき》に解消されたのだから。

内野フライに対して自信を持てるようになってからは、マウンド付近やファースト後方のフライに対して「俺《おれ》、行くよ！」と声を出して、積極的に捕りにいった。二遊間のフライは、井端さんと私の「捕れるほうが捕る」感じ。意識は、どうしても打撃優位の選手が守るファーストに向いた。ある試合で、ファーストのトニ・ブランコ（のちに、横浜DeNAベイスターズ、オリックス・バファローズにも在籍）をどかして、一塁ベース上あたりのフライを捕ったこともあった。なんにせよ、宮本さんの「帽子のつば」の効力は抜群だった。そう考えると、キャッチャーはすごいなと感じる。つばのないヘルメットをかぶって、真上に上がったフライを捕る。あの技術は素晴らしいとしか言いようがない。

荒木が習得した、内野フライを捕るコツ

風を受けやすく、スピンがかかった打球も多い内野フライだが、帽子のつばを利用すれば、確実にキャッチできる。

【野手が見上げた状態】

○ボールを視界に入れる

×ボールがつばで隠れている

図は、見上げた視界を表したもの。内野フライが上がって顔を空に向けたら、帽子のつばの先（視界の中）にボールが入る角度で首を固定。その状態をキープしたまま、ボールを追う。

【横から見た状態】

上空のボールが帽子のつばに隠れないように（視界がさえぎられないように）、足を使って動く。それによって、自然と落下点まで移動できる。

外野手とぶつからずにフライを捕る方法

内野手と外野手のあいだに上がったフライが落ちることを指す「カンチャン」という隠語がある。元は麻雀《マージャン》用語で、あいだが空《あ》いていることを意味する。

フライを地面に落とさなければヒットを減らせるが、遮二無二《しゃにむに》捕りにいくと、選手同士で激突する危険もある。だが、私はほかの野手と激しく交錯したことは一度もなかった。私をセカンドとして起用してくれた星野仙一さん（元中日、元中日・阪神・東北楽天ゴールデンイーグルス監督）の教えは、「ぶつかっても捕れ」というものだった。倒れようがぶつかろうが、なんとしても捕るように厳命されていたのだ。

ただし、なにも考えずに深追いすれば、外野手とぶつかってしまう。常に後ろを気にして、「これはどっちかな？」と気にしておくことが大事だ。また、外野手は後ろから打球も内野手の動きもよく見えるため、私は外野手には必ず、「どっちが捕るべきか、声をかけてくれよ」と、コミュニケーションをとっていた。落下点に入るギリギリまで声が聞こえなくても、後ろから声が聞こえたら、すぐにどくようにしていた。シンプルではあるが、この方法で大きなミスは起こらなかった。

プロ野球の大観衆の中、野手同士で出す声は聞こえるのかという疑問もあるだろう。だが、不思議とこれが聞こえるものなのだ。私は盗塁した際に、キャッチャーの捕球した音まで聞こえていた。単純に私の耳が良かっただけなのかもしれないが。マンガでよくある表現のように、その瞬間は歓声が一切《いっさい》消えている。当時の自分を思い出すと、観客がいなくなったかのようにシーンとしていて、グラウンドでプレーしている野手の声や、ミットの音しか聞こえていない。おそらく、極限まで集中できていたということなのだろう。

このことはほかの人に話しても、「お前、そんなわけないだろう」と言われることが多いため、あまり口にしないようにしている。ただし、守備と走塁はそんな境地になっても、打撃に関してはいつもスタンドの応援歌が聞こえっ放《ぱな》しだった。やはり、私はバッティングではあまり集中できていなかったのかもしれない。

中継プレーは、内野と外野が同じイメージを持つこと

中継プレーは、内野の重要な仕事の1つ。中継プレーの良し悪《あ》しは、失点に直結する。とくにセカンドの場合は、バックサードやバックホームで長距離のスローイングになることが多く、見せ場にもなる。

基本的な考えとしては、「外野手には、なるべく長い距離を投げてもらいたい」ということ。ただし、打球方向や外野手の追い方によっては、強く投げられない位置になることもある。その場合は、セカンドが深くまで追っていくのだ。

どこまで追うかは、打球を追いながら絶えず考えていた。もし打球がフェンスまで到達してしまった場合、外野手は捕ったら振り向きざまにすぐに投げてくる。だから、自分の場所を常に教えてやらないといけない。

ヒットのときは歓声も大きくなるため、声は100％、通らないと思ったほうがいい。とにかく、自分の体が大きく見えるように両手を広げて、近くまで行っていた。もしライトからバックサードするのであれば、自分がボールと三塁をつないだ線上にいなければならない。

外野手で振り向きざまに投げることが抜群にうまかったのは、福留孝介だ。福留はだいたい、カットマンの位置を把握してくれる。

私も外野経験があるため理解できるが、感覚のいい外野手ほど背中越しに、「このあたりがサードだ」と見当をつけておくものだ。もし、セカンドがズレたところに立っていたら、外野手は不意を突かれて、投げる動作をやり直さなければならない。そうなると、よけいに時間をロスしてしまう。福留は捕ってからすぐの送球が素早いし、強かった。内野経験者だけあって、小さく投げても強い球が来るから、カットマンは次の動作に移りやすいのだ。

また、外野手とカットマンが同じ考えを持てるかどうかも重要だ。このランナーでこの打球なら、本塁に間に合うのか。いや、本塁は間に合わないから、三塁で殺すべきだ……。そんな瞬時の判断がカットマンと外野手のあいだでバラバラなら、アウトにできるものもできなくなる。バックホームかバックサードかで、カットマンが立つ場所も変わるからだ。

ちなみに、井端さんはカットプレーに入る際、カットマンが外野手と送球先のあいだに一直線になるように入るのではなく、「少しだけ、逆くの字に入るといい」という考え方だそうだ。それは私も同じ。例えばライトフライからセカンドがカットに入ってバックホームするなら、セカンドは本塁とライトを結ぶ直線上より、やや一塁側にそれて返球を待つ。

カットマン自身はラインからズレていても、ボールの通り道が一直線になっていればいいのだ。だからカットマンは逆くの字で中継プレーに入り、グラブサイドの手だけラインに入れておく。これがいちばん早く、正確につなげる秘訣《ひけつ》だと私は思っている。

鈴木誠也《せいや》のバックサードに、引退を覚悟

私はプロ入り2年目（97年）に、外野手としてプレーした時期がある。

前述したとおり、私はプロで送球イップスを発症して、スローイングへの不安を持って

いた。外野手として何年もプレーしたわけではないが、そのあいだは一時的にスローイングの不安が軽減されていたように思う。

外野を経験したことで得たものは、すべて走塁に生きている。右投げの人間が次の動作に移りにくい様々な体勢を経験したことで、自分がランナーの際に先の塁へ進むための判断力が向上したのだ。

とくに、二塁打性の当たりや、一塁走者のときの右方向のヒットで三塁を陥《おとし》れる確率は、私は高かったように思う。バックホームは思いきり腕を振って投げてくる外野手がほとんどだが、バックサードはある程度目標を見定めて、慎重に投げる外野手が多い。サードはバックアップが入りにくく、もし送球がそれれば、1点入る。ランナーに当たっただけで1点を失い、しかも自分のエラーが記録される。送球が高く浮けば、打者走者まで二塁に進まれるリスクすらある。だから、外野手のバックサードは、バックホームよりスピードが少し遅くなるもの。こうした外野手心理を走塁に応用したことで、私は自信をつけた。

私は一塁走者として塁に出た際、ライト前ヒットが出て三塁を狙ってアウトになったことはほとんどなかった。だが、現役晩年に広島東洋カープのライト・鈴木誠也《せいや》にだけは思いきり投げられて、見事に刺されてしまったのだ。このとき、私は、「もう引退のときだな」と痛感した。それほど鈴木の送球は強烈だった。後ろにそれることを恐れることなく、思いきり腕が振れる。これぞ、本物のプロだなと脱帽した。

外野手のバックサードはただ肩が強いだけでなく、メンタル面も必要。鈴木の矢のようなバックサードを目《ま》の当たりにして、そのことを痛感したのだった。

他人のヒットをアウトにした者は、自分のヒットを捕られる？

私が守備中に考えていたのは、「できることをしっかりとやろう」ということだった。

守備はゼロをプラスに換《か》えるのではなく、マイナスをいかにゼロに近づけるかという世界である。野球はミスしたほうが負けのスポーツなのだ。「ファインプレーをしたほうが勝ち」というスポーツではない。

守備のミスは、捕球、送球、判断などいろいろあるが、原因はメンタル的な要因が大きいと私は思う。足が急に動かなくなる。突然、動きが固まってしまう。「どうしよう」と焦《あせ》っているうちに打球が通りすぎている……。そういうことはよくある。

そんな状況を作りたくないからこそ、みんな練習するのだ。少なくとも私は、守備のいい形を作ろうと思って練習したのではない。絶対に緊張する公式戦でも落ち着いた形を出せるようにするために、練習していた。決して、「ファインプレーを見せてやろう」などと、野心が先に立つことはなかった。打者が打った瞬間、ピッチャーが「アウトだ」と思った打球を、確実にアウトにする。それが第一で、ファインプレーは二の次のことだった。ヒット性の当たりをアウトにしようと考えることは、まずなかった。

こう考えるようになったきっかけは、井端さんにある。井端さんは「ヒット性の当たりをアウトにしてしまうと、自分のヒット性を捕られてしまう」と、よく言っていた。なにを言っているのか、理解できない人もいるだろう。

私がせっかくヒット性の当たりを打ったのに、相手守備のファインプレーでアウトにされてしまう。ベンチに帰ってきて悔《くや》しがっている私に対して、井端さんはこう言うのだ。

「しょうがないよ。だって、さっきお前は、あいつの打球を捕っただろ？　人の打球をファインプレーしているんだから、自分のも捕られるよ」

それが、井端さん流の考え方なのだ。これは面白い思考だなと思う。

ヒットの打球は捕らない。もちろん、打球をあきらめるという意味ではない。それは井端さんならではの考え方なのだろう。物事をどうとらえるかによって、人間の言動は変わってくるもの。あまり一方的な見方から悲観的に考えるのではなく、逆の方面から見れば違う受け取り方もできる。井端さんはそういう考え方ができる人だったのではないだろうか。

ただし、井端さんは打者としてよく、「あいつに捕られると、むかつく」という愚痴《ぐち》は漏らしていたが……。ただ、そんなときも、「あいつの前では、なんでも捕られるな」と、すぐ切り替えていた。気持ちをすぐ切り替えられるのは、井端さんの優《すぐ》れた一面だと感じる。

キャンプで延々と受け続けた「落合ノック」の意味

キャンプ時、井端さんとともに落合博満監督（元ロッテオリオンズ、中日、巨人など）のノックをずっと受け続けることが定番化していた。なぜ、延々とノックを浴び続けたのか。落合さんから直接的に説明してもらったことはなかったが、私なりにこう解釈している。とにかく疲れるだけ疲れて、なにも考えられなくなるくらい力が抜けているときが、いちばんいい形で捕れるからではないか。

その形で捕れたとき、今度は「あれ、なんで今、この形で捕れたんだろう?」と考えられるようになって、技術が上達していくということだ。最初は自分自身の中に変な固定観念があって、それを捨てきれなかったから、打球に追いつけなかったことに気づく。でも、ひたすらノックを受け続けていくと、そんなことを考える余裕すらなくなっていく。その状態になって、本当の意味で体がボールに対して動き始めたときに、今まで捕れなかった打球がいい体の使い方で捕れるようになる。そのことを、落合さんのノックで感じたのだった。

記憶がなくなるくらい疲れた状態でできたことを、今度は元気な状態でも再現できるようにしようと、考えをシフトしていく。それが私の出した、「落合ノック」の結論だ。ハッキリ言って、狙いがどこにあったかは、落合さんから説明されていないから、わからない。あくまで自分なりの考えながら、あのノックにはそんな意味が込められていたと思う。落合さんの打球は、変な回転もなく、とても捕りやすかった。今、自分も指導者という立場になり、「変な質の球を打たないようにしよう。しっかりノックを打ってやらないといけない」と心がけている。ノッカーがうまくないと、選手もうまくならない。選手の足運びが合わないのなら、こっちのノックで合わせてやるくらい、技術を高めたいと思っている。

選手にとっては、しっかりとした形で捕れたときがいちばんの自信になる。選手に自信をつけさせてやることも、コーチの大事な仕事の1つだと考えている。

固い質感の地面で守りやすかったナゴヤドーム

日本には、様々な野球場がある。守りやすかった球場として真っ先に名前を挙げたいのは、本拠地としてプレーしたナゴヤドームだ。私は、「ロングターフ」（芝丈《しばたけ》が長く、天然芝に近いクッション性の人工芝）とあまり相性が良くなく、打球が死んでしまう感じが合わなかった。もともと地面の質感が固い球場が好みで、その点でナゴヤドームは相性抜群だった。セカンドとしては、前に出なくても待って捕れる分、ラクだったということもある。

甲子園球場は土のグラウンドだが、注意しなければならないのは、春夏の高校野球の大会明けは非常に守りにくいということ。土がとても柔らかくなっていたのだ。逆に、マツダスタジアム（ＭＡＺＤＡ《マツダ》 ＺＯＯＭ《ズーム》-ＺＯＯＭ《ズーム》スタジアム広島）の前のカープの本拠地・広島市民球場は、ガチガチに固い土で、相性が良かった。

これは私の考えだが、セカンドは前後1メートルずつあれば、バウンドは合わせられるものだ。ショートは「後ろ」の1メートルを作ってしまうとセーフになってしまうが、セカンドは下がってでも捕ってしまえばアウトになる。それがセカンドの特性と言える。そして、地面が固い球場ならば、バウンドを見極めやすいのだ。

なんでもかんでも「ゴロは前に出ろ」と教える指導者もいるが、私は一概《いちがい》にそれがいいとは思わない。打者走者の脚力にもよるし、選手自身の肩の強さにもよるが、なんでもかんでも前に出るのではなく、下がっても、結果的にアウトにできれば、それでいいことだ。

もちろん、下がって、待って捕ってセーフにしてしまっては、当然いけない。だが、「そこまで前に行かなくても、1つバウンドを待っても間に合ったんじゃないか？」ということはある。なんでもかんでも行きすぎるのはどうかと、私は考えている。

選手寿命を延ばしてくれたショートコンバート

10年からの2年間、私は井端さんとポジションを交換する形でショートにコンバートされた。落合さんから直接、コンバートのことを告《つ》げられた。最初は「えっ?」という感情しか湧《わ》かなかった。

私からすると、「やったろう」というよりも、「やらなきゃいけないのか……」という感覚。ユニフォームを着た選手である以上は、トップである監督の言うことを忠実にやっていかなければならない。コンバートの理由の説明もないため、自分なりに考えるしかなかった。

本当のところ、どうなのかも私には見えていなかった。でも、それはそれでいいかと深刻には悩まなかった。厳しいほう、厳しいほうへとやっていけば、結果的に最後はいい方向に出ると、私は思っているからだ。

もともとはショートでプロに入団しただけに経験はあったのだが、このコンバートはかなり難しかった。プロでセカンドを守った時間が長すぎたのか、前項でお話しした「前後1メートルでバウンドを合わせるクセ」を抜くのに苦労したのだ。

とくに前に出るべき打球に対して、出られないことに悩まされた。「1つバウンドを待っても大丈夫だ」と判断して捕って投げたら、間に合わないことが最初は何度もあった。

だから苦労した2年間ではあったが、最終的に10年、11年の両シーズンともチームがリーグ優勝できたことで、報《むく》われた感はあった。また、それまで自分がセカンドで悪い意味で慣れが出ていたことも実感した。セカンドでもしっかりと足を使ってプレーをしていれば、ショートに行ってもそんなに苦労はしなかったんじゃないかと思わされたのだ。

その後、12年に高木守道《もりみち》さん（元中日）が中日の監督に就任し、井端さんとポジションを元どおりに戻すことになった。だが、私が長く現役を続けられた要因の1つは、この2年間のコンバートで足を使うことの重要性を思い出したからかもしれない。

ショートに回って、厳しさを味わえた。「やっぱり野球は簡単じゃないな」と久しぶりに思い知った。それはやはり、貴重な経験だったとしか言いようがない。

コンビが熟成されるにつれて会話量が減っていた井端さんとも、また一緒に練習することが増えて、コミュニケーションも密《みつ》になっていった。

井端さんからは、ショートの送球について教えてもらった。

「ファーストまでぴったりに投げようと思うから、ワンバウンドしちゃうんだ。ファーストの向こう1~2メートル先まで、ミットを突き破るくらいのつもりで投げたほうがいい」

このアドバイスは、とくに頭に残っている。

逆にセカンドとして私がアドバイスできることなど、なかった。なぜなら、井端さんはセカンド経験者だから。そもそも私にセカンドのことをあれだけ教えてくれた人なのだから、自力でどうにでもなることはわかっていた。

守っていて嫌《いや》な打者&難しい投手

現役時代、守っていて「嫌《いや》な打者だな」と感じたのはアレックス・ラミレス（元東京ヤクルト・巨人・横浜DeNAなど、現横浜DeNA監督）である。

内野のポジショニングを見て、空《あ》いている方向を狙ってくることがある。あえて一、二塁間を空けていたら、強振せずにそこをピンポイントで狙って抜いてくることもあった。現役選手なら、ホセ・ロペス（横浜DeNA）も、そういうところがうまい。

打球の質が変わっているとか、難しいバウンドの打球を打ってくるという打者は思い当たらない。だが、「このピッチャーのときは難しいゴロが飛んでくる」という存在はいた。中日の同僚だった川井雄太《かわいゆうだい》（一時期の登録名は、川井進《すすむ》、または雄太《ゆうだい》）である。

川井は09年に11勝を挙げるなど、おもに先発として活躍したサウスポーだった。そのボールはクセ球で、ストレートを投げているはずなのに、ボールがスライド回転して滑っていく。

そんな川井のボールを打者が打つと、打球までクセ球になる。いびつなバウンドが多くなり、エラーを犯したことも何度かあった。正直に言って、「もっとまともな打球を打たせてくれ」と思ってしまうくらい、ひねくれた打球が多くなった。

逆に守りやすかったのは、当然ながらコントロールのいいピッチャーだ。中日には、一時期メジャーリーグ（アトランタ・ブレーブス）にも挑戦した川上憲伸《けんしん》さんのほか、岩瀬仁紀《ひとき》さん、吉見一起《かずき》と、しっかりと投げ分けられるコントロールがあるピッチャーが多かったのは幸運だった。

そんなピッチャーが投げているときは、打球方向も決めやすかった。岩瀬さんに関しては、「こっちに打球が来ても、僕のせいじゃないですからね」と言えるくらいまでの関係になっていた。岩瀬さんは「いいよ、そっちは俺のせいだから」と言ってくれる人格者だった。

キューバ人のファーストは、守備がうまい

私は23年間の現役生活で、ファーストを守ったことは2試合しかない。だが、ファーストに送球をしっかり捕ってもらえるかどうかは、私たちの評価にも関わってくるだけに、ファーストの技量は他人事《ひとごと》ではなく、死活問題だった。

守備範囲に関しては、ファーストに誰が入っても大きくは変わらない。ただし、送りバントやセーフティーバントに対する反応には、やっぱり、うまい、へたが出る。私がセカンドを守る際、バントをしてくる可能性がない打者が打席に入ったら、そこまでファーストのことは気にしていなかった。

同僚でうまかったファーストと言えば、渡邉博幸《わたなべひろゆき》さん（現中日二軍内野守備・走塁コーチ）と、森野将彦《まさひこ》だった。渡邉さんは04年、森野は14年にそれぞれ一塁手としてゴールデングラブ賞を受賞している。この2人が守っているときは、安心できた。

バントのうまい打者が打席に入ると、事前に私は、「一塁前なら自分が一塁ベースカバーに入って、プッシュバントなら自分が前に捕りに行くから」と声をかけていた。

送球を捕ることにおいては、2人に加えてオマール・リナレス（現中日巡回打撃コーチ兼球団通訳）もうまかった。リナレスと言えば、キューバの国民的英雄で、一般的には打撃のイメージが強いかもしれない。だが、守備も、今まで一緒にプレーした外国人の中で、いちばんだったと思う。

ファーストのポイントは、ショートバウンドをうまく拾ってくれることだ。それに加え、私としては、「投げやすい体勢で待ってくれること」も重要だと思っている。ただ突っ立っているよりも、やや低い姿勢で待ってくれるほうが内野手は投げやすいものだ。

しかし、ファーストを守るのは打力の高い外国人選手という場合が多い。中日ならタイロン・ウッズ（横浜にも在籍）やトニ・ブランコといった強打者が入ることが多かった。ウッズ、ブランコはともによく打ってくれたが、こと守備に関しては残念だった。井端さんは「ウッズがキツかった」と漏らしていたようだが、私もそれは同感だ。

ある試合で、井端さんからの送球に対して体を伸ばして捕りにいったが、ミットの上を越えてしまったこともあった。井端さんが私に「ミットに当たっていないから、俺のエラーか？」と聞いてきたので、「そうですよ」と答えると、「ひどいな……」と嘆《なげ》いていた。

20年現在、中日のファーストを守っているダヤン・ビシエドは、打撃もいいけれど、守備もなかなかうまい。リナレスもビシエドもキューバ出身の選手だが、基本的にキューバ人のファーストはうまいように感じる。投内連係の練習をやっても、日本人と同じようにサインプレーをやってきているため、しっかりとこなせる。

外国人の守備力は、サインプレーをやると、だいたいわかる。「この人たちは教えられてきているんだな」と、すぐ判別できるのだ。アメリカ合衆国やドミニカ共和国の出身の強打者タイプは、守備に対して露骨に興味を持たないことが多い。一方で、キューバはリナレスのような国民的スターであっても、基礎からみっちりやってきている。だからファースト以外の内野手でも、キューバ人はうまいイメージがある。

ファースト次第でアウトのプレーにエラーがついたり、エラーのはずがエラーじゃなくなったりする。その重要性にもっとスポットが当たってもいいと、私は思う。

日本人内野手がメジャーリーグで活躍できない理由

近年は「日本人内野手はメジャーリーグで通用しない」という言説があり、実際に日本人内野手がメジャーリーグに渡るケースが少なくなっている。19年オフにも、広島の菊池涼介《りょうすけ》がポスティングシステムでメジャーリーグに移籍すると思われたが、結局、国内残留を表明している。

私としては、日本人には日本人の、外国人には外国人の長所と短所があると感じる。海外はほとんど天然芝の球場になるため、全体的に打球の勢いが死ぬケースが多くなる。だから、メジャーリーグの内野手には、肩の強さや捕ってからの素早さがより求められる。

一方、日本の内野手は指導者から「低い体勢で捕れ」と言われる傾向があるため、どうしてもスピードが遅くなりがち。メジャーリーグでプレーする日本人内野手は、「低く捕る」という感覚をなくしていくことが、通用するためのカギになるのではないか。

なんでもかんでも股《また》を割って、腰を落として……と捕るのではなく、ときには「アウトにすればＯＫ」と割りきることも必要だろう。

打撃面の要因もあるが、日本の内野手がなかなかメジャーリーグで活躍できていないのは寂《さび》しい。それだけに菊池が打破してくれたら……という願いもあったが、残念だ。

でも、菊池の場合は、もう少し動きにキレのあった時期に行かせてやりたかった。あれだけの動きができる内野手となると、メジャーリーグでもなかなかいなかったはず。

過去には松井稼頭央《かずお》さん（元西武、ニューヨーク・メッツなど。現埼玉西武二軍監督）もスピードがあったが、メジャーリーグではかなり苦労されていた。今後、世界的に活躍できる日本人内野手が現れることを楽しみに待ちたい。

内野手を育てる谷繁元信さんの安定した送球

キャッチャーは「扇《おうぎ》の要《かなめ》」と言われる重要なポジションだ。私が初めて１００試合以上に出場したのが、01年。その翌年から中日にやってきて、10年以上も正捕手に座り続けたのが谷繁元信さんだった。一塁ランナーが盗塁を企図《きと》した際、私か井端さんが二塁ベースカバーに入り、谷繁さんからの二塁送球を受けることになる。

谷繁さんの投げるボールは、非常に受けやすかった。ボールを握り損《そこ》ねて無理やり投げて、途中で変化するような球を放《ほう》ってくるキャッチャーも多いが、谷繁さんの場合は、ボールの軌道が変に動いたという経験が一度もなかった。

シュート回転が強い捕手が多い中、谷繁さんはきれいな縦《たて》回転。地肩《じがた》の強さもさることながら、どこで捕っても必ず握り替えができたし、捕ってからが素早い。横から投げたり下から投げたりしても、とにかく捕りやすく、ランナーにタッチしやすいボールが届いていた。今は「甲斐《かい》キャノン」こと甲斐拓也《たくや》（福岡ソフトバンク）が圧倒的な肩の強さを武器にしているが、彼のスローイングとはまた違う。また、現在の中日には、加藤匠馬《たくま》という捕手がいる。こちらも「加藤バズーカ」と呼ばれるほどの強肩なのだが、野手からするとやや捕りづらさもある。

そう考えると、今の中日の選手はかわいそうだと思う。私の真横には井端さんがいて、キャッチャーは谷繁さん。そんな偉大な人たちと比べると、どうしても物足りなく見える。

私自身は、決してうまいプレーヤーではなかった。それでもなんとかやってこられたのは、まわりの先輩方がうまくなるようなボールを投げてくれたり、フォローをしてくれたりしたからだと思っている。優秀な先輩方に育ててもらったからこそ、私の守備が形作られていった。そういった環境でプレーできたのは幸運だった。

ARAIBA

井端弘和の守備論

～ショートの技術、基本・応用、中継の秘策、世界標準～

「前に出ろ」という指導を、野球界で禁句にすべし

ここからは、私の守備への考え方をお伝えしていきたい。まず、私が声を大にして訴《うった》えたいのは、日本野球界で誤解されている「守備の言葉」についてだ。

私には小学生の息子がおり、近くの野球チームに入っているため、少年野球の指導現場を見る機会が増えた。そこで子どもたちのノックを見ていて、ある発見があった。

チームに入ったばかりの初心者は、その場でじっと打球を待ち、ボールが手元まで転《ころ》がってきたら捕っている。私はこの動きこそ、人間の本能に従った「捕る」動作の本質だと感じた。正確に捕りたいならば、「待つ」べきなのだ。

ところが、日本の野球界では、「前に出ろ」という指導が定番化している。指導者は選手に「早く投げさせたい」という思いがあるせいか、ゴロに対してなんでもかんでも、「前に

出ろ！」と指導することが多い。

だが、私は「前に出ろ」とは間違っても言わない。打者をアウトにするには、まず、「捕る」ことが大事だ。捕る体勢が悪ければ、次の「投げる」動作にも悪い影響を及ぼす。いかにして「捕る」という形を身につけるかが、守備上達の第一歩なのだ。

野球を始めた当初は「待って捕る」ようにしていて、捕球に専念していた子どもでも、慣れてくると「前に出ろ！」と言われ、ダッシュで突っ込んで打球を弾《はじ》いてしまう。よけいな動きを入れ始めてしまい、変なクセがついてしまうのだ。

まずは、待って捕るスタイルを崩《くず》さずに、一歩も動かずに百発百中で捕れるようになるまで練習すること。完璧《かんぺき》に捕れるようになったら、次は一歩前に出て捕れるよう訓練する。それができたら2歩前、3歩前……と、少しずつ出るようにすればいい。そうやって打球が捕れるようになったら、初めて「投げる」という次の課題に取り組むのがいいと思う。

少年野球を見ていると、「プロでもそこまで出ない」と思うほど前に出るよう指導されている。だが、子どもたちは、「前に出ろ」と言われれば、「捕る」ことよりも「出る」ことに集中してしまう。それでは、本末転倒だ。

とはいえ、捕ることばかりに集中していたら、打者走者をアウトにできないという指摘もあるだろう。その考え方ももっともだが、私は選手の育成を「もっと長いスパンで考えてほしい」と言いたい。最初は一塁までの送球が10秒かかったとしても、最終的に4秒以内に縮められればいい。たとえ小学6年生までに間に合わなくても、中学、高校と時間をかけてやっていけばいいではないか。それくらいのゆとりを持って内野手を育ててほしい。

逆シングル捕球でも「正面」で捕れる理由

野球界にはびこる守備の誤解は、「前に出ろ」という言葉だけではない。私がとくに必要だと感じるのは、「正面で捕る」という言葉の再定義だ。私自身、「正面で捕る」ことは守備の大事な基本だと考えている。だが、一般的に浸透している「正面」とは意味合いが違う。

多くの選手は、指導者から「正面で捕れ」と言われると、どんな打球であろうとボールの目の前に体全体を持っていこうとする。ショートが三遊間の打球をさばく場合、逆シングルでグラブを出すのではなく、わざわざ無理して打球の真ん前、飛んできた方向に正対する状態まで体を入れて捕る。それが、世に言う「正面で捕る」のイメージではないだろうか。

だが、私の考える「正面」とは、言い換えれば、「ヘソの前」。体の中心となるヘソの前にグラブがあれば、なんでも「正面」になる。つまり、「体の中心から外れるところで捕ろうとする」のはやめようということだ。日本では、逆シングルで捕球しようとすると、「横《おう》

「ヘソの前は正面」と考えれば、逆シングルは手抜きではなく、理にかなったプレーとなる。

着《ちゃく》している」「プレーが雑」と見られてしまう。実際にアメリカや中南米出身の選手に比べて、日本人は逆シングルがへたというイメージも浸透している。

だが、日本人内野手が「逆シングルがへた」と言われる要因は、身体的な問題ではなく、技術面にある。それは、正面（ヘソの前）にグラブを持っていけず、腕だけで捕ろうとするからだ。だから、たとえ逆シングルだろうと、ヘソの前にグラブがあれば、「正面」になる。そうすれば、捕球はしやすくなるのだ。私も、現役時代は逆シングルを多用していた。

体が前を向いているから「正面」なのではない。ヘソの前にグラブがあれば、人間は360度、どの角度を向いていても「正面」を作れるのだ。少年野球レベルから私の言う「正面」への理解が深まれば、日本の内野守備は今まで以上に向上することは間違いない。

安定した送球を実現するためのコツは、「歩くように捕る」

安定した送球を実現するために重要なのは、足運びだ。

守備がうまくない人の動きは、だいたい不自然でバタついているように見える。例えば、打球を捕りにいく際に、まず右足が出て、さらに続けて右足が出る……という人が意外と多い。当然、人間にとって不自然な動きになり、送球動作に連動していかない。

逆にうまく見える選手は、右足が出れば次は左足、さらに次は右足……という順番に足が出ていく。本来、人間に備わった動きだからこそ、スムーズに見えるのだ。だから私は、不自然な足の運びをする選手に、「歩くように捕りなさい」とアドバイスを送っている。

動きの中で意識してほしいのは、常に「股関節《こかんせつ》の上に上体が乗っている」という感覚。これが人間の体の構造に合った動きなのだ。股関節を柔らかく使えれば使えるほど、自分の体を自由に動かせる。捕ったあとに股関節からフッと脱力して骨盤《こつばん》が前に出てくれば、自然な足運びになり、左足の次は右足が出てくる。変に飛び跳《は》ねたりすると、太もも前などの筋肉に力が入り、股関節の上に上体が乗りにくくなる。股関節の上に上体が乗っている状態をキープできれば、足にも上体にも負担はかからないし、スローイングも安定する。

さらに、「歩くように捕る」ための足運びを身につけるために、実際に歩きながらゴロを捕る練習をすることもあった。選手をショートのポジションにつかせて、ノッカーが三遊間寄りに緩《ゆる》いゴロを打つ。選手は打球に対して膨《ふく》らまずに一直線で歩いて向かい、捕球してからも右足、左足とステップして投げる。延々とその作業を繰り返すのだ。

見栄《みば》えが悪く、単調な練習だが、若い選手には効果てきめんの練習法だ。歩いて捕りにいくことで、「右足、左足、右足……」のスムーズな足運びを体に染《し》み込ませられる。これを地道《じみち》に繰り返していくと、どんどんリズムが良くなって上達していく。

私は、「野球は股関節でやるもの」と考えている。守るだけでなく、打つのも走るのも、股関節がいかに使えるかが重要。関節ではなく筋肉でプレーしていれば限界があるし、疲労がたまりやすい。野球はなにをやるにしても、股関節がカギを握るのだ。

グラブを早めに地面に着けて待てば、ミスは減る

必要以上に「前」に出ることなく、「正面」で「歩くように捕る」。これが、私が考える内野守備の基本だが、もう1つ重要なのは捕球体勢だ。

意識してほしいのは、グラブを早めに地面に着けるということ。理想は股関節を柔らかく使って股《また》を割り、グラブを地面に着ける形だ。もし、グラブが地面に着かないくらい股関節が固いなら、改善する必要がある。なぜグラブを地面に着けなければならないかというと、打球に対してグラブが上から出るとエラーにつながるからだ。股のあいだを抜ける、いわゆる「トンネル」をする可能性が高くなるし、バウンドを合わせにくい。常に、「下から上」というリズムを作っていくことが大事だ。

また、打球に合わせにいく段階でグラブを上げてしまわないようにも注意をしたい。せっかく構えの段階でグラブを地面に着けていても、バウンドを見て、いったんグラブを上

げてからまた下げると、ミスにつながる。グラブを地面に着けたままなら、トンネルすることはない。グラブを上げるのは、捕る直前。最後に上げる形だ。

また、ボールをつかみにいく選手もいるが、これでは手の筋肉によけいな力が入ってしまう。私は、上体の力をいかに「ゼロ」にできるかを考えていた。だから、「捕る」というより、打球のコースにグラブを「入れる」という感覚だった。

これは守備に限らず、野球全般に覚えておいてほしいことだが、上体に力が入ってしまうと、下半身もロックされて止まってしまう。とくに守備で上体に力が入りやすいのは、バウンドを合わせようとして腕だけで前に捕りにいこうとするとき。ここで手首あたりの筋肉に力が入ってしまうと、股関節も柔らかく使えなくなる。私はそういう選手を見ると、「腕だけ前に出すくらいなら、下がって捕りなさい」と言うことにしている。前にも述べたように、「前に出ろ」という教えを忘れること。下がることは、悪ではないのだ。

意外と難しい内野フライは、「他人事《ひとごと》」にしてしまう

次は、フライの捕り方についてだが、屋外球場での内野フライを得意にしている選手など、ほとんどいないはずだ。外野フライは風の影響を多少は受けるが、だいたい予測どお

りの地点に落ちてくる。だが、内野フライは高く上がると、風の影響をもろに受けて流れて落ちてくる。ほぼ真上に上がっていて、さらにスピンがかかっている打球も多く、ナイターだと遠近感も狂いやすい。だが、私は内野フライを落としたことはなかった。「捕って当たり前」と自分にプレッシャーをかけ、エラーしたらすぐに引退しようと考えていた。

近くの内野手や後ろから打球を追う外野手と激突する、もしくはお互いに譲り合って捕れない「お見合い」をするリスクもある。そんなとき、私がいつも大事だと考えていたのは、たとえ自分の守備範囲のような気がしていても、「俺《おれ》のフライじゃない」と思いながら追うこと。それくらいの感覚でいたほうが余裕は生まれ、かえってちょうど良くなるものだ。「俺じゃないよな?」と思いながらフライを追って、落下点に入っても、まだ「俺じゃないよな?」と思いながら、落ちてくるのを待つ。フライが落ちてきて、直前になってようやく、「あ……俺か」とキャッチする。むしろ、フライが上がった瞬間に「俺だー!」などと自己主張する選手のほうが、案外、捕球直前になって、「俺じゃなかった……」と引いてしまうことはよくある。遮二無二《しゃにむに》フライを追いすぎるのも、かえって危ないこともあるのだ。

フライが上がった際は、「相互の声かけが大事」と言われる。だが、プロの試合ではフライが上がった瞬間に各自のポジションで声を出しても、ファンの歓声にかき消されて、なにも聞こえない。落下点に選手が集まってきて、ようやく声が届くのだ。

外野手と内野手が同時にフライを追った場合は、外野手が優先という約束事があっても、内野手としては、際どい打球は追わないわけにはいかない。内野手は外野方向にも神経を注《そそ》ぎながら、「なかなか外野から声が出ないな……」と思いながら落下点に入り、「まだ声が出ないな……まだ出ないな……、あれ、これ俺か」という感じでキャッチする。そうすれば、直前に外野から声が出ても対応できるのだ。

手に力を入れなくても、自然と開くグラブを使う

グラブについて私がこだわっていたのは、「開いたグラブを使う」ということだった。自分の意志で「グラブを開こう」とすれば、手のひらを「パー」の形へと広げることになり、必然的に腕に力が入ってしまう。守備中は極力、上体の力をゼロにすべきだと考えているが、腕に力が入れば、リラックスした状態が作れない。たとえリラックスしていても、自然とグラブは開いている。選手には、そんなグラブの型を作ってほしいと伝えている。

プロに入ってきた内野手のグラブを見ていても、リラックスした状態でボール1個から1個半くらいしか開かないグラブを使っている選手がいる。せめて、ボール2個は入る開き具合にしておきたいものだ。

さらに、捕球時もグラブで「つかむ」という感覚があると、上体によけいな力が入ることになる。感覚的には、グラブにボールを「入れて」あげて、あとは反対の手でかぶせるだけ。グラブ側の指先にわずかに神経をつかうだけで、なるべく力を入れないようにする。人間の体の構造に合ったグラブを使い、いかによけいな力を入れずに使えるかが、大切なのだ。だいたいの野球選手は、グラブの捕球面に「ポケット」を作る。自分がボールを捕りたい位置にポケットを作るのだが、私の場合はグラブに2つのポケットを作っていた。

1つ目は親指と人差し指のあいだ、ウェブ（網《あみ》）寄りの部分（A）。もう1つは中指と薬指あたりの部分（B）だ。それぞれに使い道が違う。

Aを使うのは、キャッチボールやフライやライナーを捕球するとき。ボールがこぼれないように、グラブに深くおさめたいときにこちらのポケットを使う。

一方、Bを使うのは、内野ゴロのときやダブルプレーの送球を受けるとき。要は、ボールを捕ってから素早い握り替えが必要なときに使うのだ。BのポケットはAに比べて浅く、いわゆる「当て捕り」のようにして使う。

私はグラブをはめる際、手にほとんど力を入れずに、中指と薬指の第一関節で引っかけるようなイメージでつけている。中指と薬指がグラブから抜けないように、引っかける部分にわずかな凹凸《おうとつ》をつけているのだが、その凹凸にボールを当てて捕るような形。この2

つのポケットを、状況に応じて使い分けていく。

私は固い質感のグラブを好んで使っていた。柔らかいグラブだと、先端がフニャフニャして、強い打球に負けてしまうと感じていたからだ。たとえ手に力がこもっていなくても、グラブそのものが固ければ、打球に負けることはない。

メーカー側に出した要望は、「頑丈《がんじょう》で軽いもの」という抽象的な内容だったにもかかわらず、メーカーの方も懸命《けんめい》に試行錯誤《しこうさくご》してくれて、時間をかけて、こたえてくださった。

内野4ポジションを経験して見えた、押さえるべきポイント

私は中日、巨人での現役生活で、バッテリー以外の内野の4ポジションすべてを経験させてもらった。その中でいちばん難しいと感じたのは、ショートだ。

なにが難しいかと言えば、時間に制約があること。ほかのポジションよりも打球をゆっくり待っている余裕がなく、時間を短縮しなければならない。ゴロを少しでもジャッグル（お手玉）したり、弾いたりすれば、一塁は間に合わない。

ショートに求められるのは集中力だ。打者のバットに当たった瞬間に打球にチャージしていかなければならない。これを、私は「攻める」と言っている。打球に対して攻めて、動きなが

ら捕って投げる。イメージとしては、打球が飛んでくる前から攻めるくらいで、ちょうどいい。

一方、となりのセカンドは一塁ベースとの距離が近いので、あわてる必要がない。その意味では、余裕のあるポジションと言えるかもしれない。

セカンドの難しさは、ショートやサードに比べて、「切り返し」の動きが多いことだ。ダブルプレーの際にゴロを捕ったあと、二塁ベース方向へ機敏に切り返さなければならない。さらに、一、二塁間の打球は角度がないところから一塁に投げなければならないし、ときには左回転してから投げる必要がある。回転しながら投げるのは、非常に難しいのだ。

サードは、右打者の引っ張った強烈な打球が飛んできやすいポジション。だが、多くの選手は「カーン！」と飛んできた瞬間に動いてしまう。むやみに動くことで打球とぶつかってしまい、エラーになることが多い。角度的にボールがバットに当たる瞬間は見えにくく、打球音がしたら、もう目の前までボールが来ていることもある。だから、バットに当たる前からグラブを地面に着けて待っているくらいじゃないと、打球に反応できない。

ポイントは、打球が飛んできた瞬間に動きたい思いをグッとこらえて、一瞬我慢してから打球に合わせて動くこと。この我慢ができないと、捕る準備をする前に打球が体やグラブに当たってしまい、捕球ミスにつながってしまう。

最後にファースト。打撃重視の選手が入るポジションとして軽《かろ》んじられている風潮が見られるが、私は非常に重要で、なおかつ難しさを感じた。

1試合の中で1回も打球が来ない可能性があるサードとは違い、ファーストは必ずボールに触《さわ》る。ファーストが送球を捕れなければアウトは成立しないし、ランナーが出れば、考えることも増える。私も、自ら経験するまでは、「ファーストなんて、送球を捕っていればいいんだろう」と、重要性に気づけていなかった。

例えば、一塁にランナーがいる場面で三遊間の打球が抜けても一、二塁だが、ファーストを抜けたら一、三塁になる危険もある。それだけ失点につながりやすくなるのだ。

また、ファーストが送球を安定して捕ってくれるかどうかで、ほかの内野手に与える安心感もまるっきり変わってくる。中日にはファーストの守備がうまいとは言えない外国人選手が多かったが、守備固めとして、2004年にゴールデンクラブ賞にも選ばれた渡邉博幸さんが入ると、このうえない安心感が出たものだった。

正確な中継プレーの極意は、「逆くの字」にあり

外野に打球が飛んだ際、内野手が中継プレーに入る。長打性の当たりはランナーの生還《せいかん》を許しやすいため、中継プレーの良し悪《あ》しが勝敗に直結する。

私はアマチュアの中継プレーを見ていて、気になる点が2つある。

1つは、外野手からの送球を半身《はんみ》の体勢で待つ内野手がいること。あらかじめ次に投げる方向に体を向けることで、動作が移行しやすいと思われているのだろう。だが、半身だと体が先に流れてしまって強いボールが投げられず、外野からの送球がズレたときに捕れる範囲が限定されてしまう。

外野手に対して体を引くのではなく正対して、送球を捕る流れの中で反転したほうが投げやすいのだ。体を左後ろに回転させて、振り向きながら捕って投げる。イメージとしては、「捕ったらボールはその場に置き去りで、体を回していくうちに自然とボールがトップ（送球動作の際に、腕を最も引き絞《しぼ》ったときのボールの位置）まで来る」という感じ。ボールを捕ったあとに動かしてしまうと、さらにスローイング動作のためによけいに腕を動かさなければならない。こうしたボールを置き去りにする感覚は、ダブルプレーの送球を素早くする技術と同じだ。

そしてもう1つ、カットプレーで気になるポイントは、「直線的すぎる位置取り」だ。と言っても、カットマンの位置取りは、外野手と送球先の塁を直線で結んだラインに入るように」と指導されることがほとんどだろう。

だが、きっちり直線上に入ってしまうと、カットマンが次の塁に投げるときに体が左へ入り込みすぎる感覚があるのだ。外野からの返球がちょっとでも左側（外野手から見たら右側）にそれると、もう次の塁に投げるのは体勢的につらくなる。

そこで私は、カットプレーでは「逆くの字」の位置に入ることにしていた。直線上よりわずかに右側（外野手から見たら左側）にズレて、カットに入る。

このポジショニングには、いくつかのメリットがある。まず、カットマンが次の動作に移りやすい。さらに内野手の送球は得てしてシュート回転が強くなるので、やや右側にズレていたほうが、結果的にボールをコントロールしやすいのだ。

さらに外野手にとっても、先の目標が見えたほうが強いボールが投げやすい。カットマンがまともに直線上に位置して目標を隠してしまうと、外野手はカットマンにピンポイントで投げようとするため、ボールがタレて（失速して低めに落ちて）しまいやすい。内野手が求めている返球は、自分を通過してさらにその先へと伸びていくようなボールだ。タレたボールが来ると低い位置で捕球することになり、次の動作に移るにはタイムロスになってしまう。実際にやってみれば、逆くの字でカットに入ったほうがやりやすいことは明らか。ぜひ試《ため》してみてほしい。

また、内野手はカットマンとして外野手をよく観察しなければならない。例えば、「どこまで深く追うか？」ということも、大事な判断になる。

「肩が強い外野手の場合は、離れた位置に入るべき」というセオリーはあるが、一概《いちがい》にそうとは言えない。例えば、外野手のあいだを抜けてクッションの跳《は》ね返りもほとんどなかったら、そんな深い位置まで追った外野手から、いいボールは返ってこない。素手で捕って、振り向きざまに投げても、強いボールは投げられないからだ。たとえ肩が弱い外野手であっても、クッションに強く跳ね返った打球なら、いいボールが返ってくる確率が高い。カットマンはクッションの跳ね返りの強さも予測して、自分が入るべき位置を決めるのだ。

一生懸命に走ったとしても、近すぎて返球が詰まってしまったら意味がないし、外野手も気分が悪い。逆に遠すぎたら返球が乱れて、ランナーに進まれてしまう。カットマンは、外野手が勢い良く投げられる位置、体勢なのかどうかを、しっかりと判断する必要がある。

連係プレーというのは、まわりの人が絡《から》まなければ成立しない。だからこそ、まわりを見る必要があるし、まわりを知ることが大事なのだ。そこで、内野手と外野手のコミュニケーションが生まれる。

外野手には、カットマンを介さずに自分1人で送球したい「投げたがり」が多い。自分のチームの選手は、「投げたがり」なのかどうか。たとえ1人で投げたいタイプだとしても、打者走者を進ませたくないケースではカットマンの捕れる範囲で投げてくれと要望を出すなど、練習の中で会話をしておくべきなのだ。

「アライバプレー」はダブルプレーの応用だった

私と荒木雅博の連係プレーの象徴が、「アライバプレー」と呼ばれるものだった。セカンドの荒木が二塁ベース寄りのゴロを逆シングルで押さえ、ショートの私にグラブトス。私が荒木の代わりに一塁に送球する一連のプレーだ。高校球児など、アマチュア球界でも多くの選手が模倣《もほう》してくれたと聞く。

このプレーは、そもそもはダブルプレーの応用だ。二塁ベース付近の打球をセカンドが捕っても、位置的に一塁に強い送球を投げることは難しい。180度回転してジャンピングスローするか、右足で踏ん張って投げるか。いずれにしても相当な地肩《じがた》の強さが必要になり、時間もかかりすぎてしまう。荒木も、自力ではなかなかアウトにできていなかった。

だが、ランナー一塁の場面で二塁ベース付近の打球が来た際、荒木は私にグラブトスで送球してダブルプレーを間一髪で成功させていた。これをヒントにして、「ランナーがいなくても、やっちゃおうか?」という発想になったのだった。

ショートの私ができることは、荒木がトスしやすい位置まで一生懸命に走ることだけ。荒木の動きをしっかり見ておけば、どのあたりにいればいいかはわかる。あとは荒木が私に投げてくるかどうか。当然ながら荒木も、毎回私を頼ってくるわけではない。近くまで走り込んでも、実際はトスがこないことのほうが多かった。おそらく荒木には、「ここは余力があるから、自力で投げられる」「ここは任せたほうがいい」といった判断基準があったはずだ。

頻度《ひんど》としては、年に1〜2回しか実現していなかっただろう。ただ、このプレーを試《こころ》みるときは、ほぼアウトにできていた。セーフになった記憶はとくにない。

アライバプレーの多くは、セカンドの荒木からショートの私にグラブトスでボールを受け渡していた。思えば、私は荒木からしかグラブトスでボールを受け取った記憶がない。

荒木のグラブトスは、非常にうまかった。二遊間のゴロを逆シングルで捕球して、そのままフワッと浮かす。抜けたり、引っかけたりすることはなかった。おそらく荒木の中には、私めがけてボールを放《ほう》る感覚はなかったはず。ただでさえ、逆シングルで捕球した段階で二塁ベース方向に勢いがついている。そこから目標方向に「投げる」感覚だと、イメージ以上に勢いがついてしまう。むしろ真上に上げてやる感覚でトスすれば、ちょうど良い。

私自身、グラブトスをする際に気をつけていたのは、「手首をあまり使わないようにする」ということだった。手首で操作しようとすると、ボールがどこに行くかわからなくなる。これはあくまで感覚的なものだが、私はグラブ内の指先を使ってボールを離すイメージだった。手首は最後にボールを押してやる程度だ。

トスを受けて一塁に転送するというアライバプレーは、二遊間のダブルプレーが起源だ。

また、これを言うと驚かれるが、このアライバプレーを練習したことは1回もない。実戦の中で生まれ、実戦でしかやったことがないプレーだった。

「アライバ」コンバートによって、選手寿命が延びた

私は10年シーズンから2年間、荒木と二遊間のポジションを交換する形で、セカンドにコンバートされた。当時の私は35歳になっており、年齢的な要因もあっただろうし、荒木と私もお互いに慣れが出ていたこともあった。だが、ポジションが変わるのは、また一からやり直すということ。新たなポジションで新たな刺激を与えられたことで、また初心に戻り、懸命に取り組めた。ベテランになってからのコンバートには、そんな利点もある。

ただ、ショートをやっていた者からすると、セカンドは物足りないと感じたのも事実だ。ショート経験者と会話すると、だいたい同じような感想を聞く。

もちろん、セカンドにはセカンドの難しさがある。とはいえ、ショートで一刻《いっこく》の猶予《ゆうよ》も許されないスピード感の中に身を置いていたころと比較すると、セカンドには時間的な余裕がある。ショートからセカンドに移った直後は、そのスピード感のギャップに物足りなさを覚えてしまったのだ。

その物足りなさをどこで補うかを考えてトライしないと、モチベーションは上がらず、あとは衰《おとろ》えるばかりである。その対策として、広島の菊池涼介のように、極端に深い守備位置に挑戦する……というのも1つの手だろう。

私がセカンドで見つけた楽しみは、グラブさばきだ。ゴロのさばきもしかり、ダブルプレーの握り替えもしかり。極端なことを言えば、セカンドは捕りさえすればアウトになる。一塁まで距離は近いし、捕ってすぐ投げようとしても、ファーストがまだベースに入っていないこともあるので、急いでも仕方がない。

セカンドの時期にグラブさばきを磨いたことは、ショートに戻って以降に身体的な衰えをカバーするのに役立った。高木守道監督が就任した12年にポジションが戻ったが、私は2年間のコンバート期間があったから長くプレーできたと思っている。

イップスは、「投げる順序のズレ」から起きる

今までボールをコントロールできていた選手が、なんらかの原因で自分の思うように投げられなくなる投球障害を、「イップス」と呼ぶ。

プロ野球選手であろうと、イップスとは、常にとなり合わせだ。イップスは「メンタル

の問題」と言われることもあるが、本当にそうだろうか。私はイップスが起きる原因を、「投げる順番を間違えているから」だと考えている。

1年間プレーを続けていると、今まで我慢できていたことができなくなるときがある。例えば肩が張っていて、いつもはスムーズに入れるはずの「トップ」にうまく入らない。いつもと違う感覚の中で、投げる順序やタイミングが微妙に狂ってしまう。指導者から「こうやって投げろ」と助言を受けて、トップを作るまでの順番がズレるということもあるだろう。そうやって不自然な動きが身についてしまい、頭で考えたこととプレーが噛《か》み合わずイップスに陥《おちい》ってしまうというケースも、少なからず発生しているのではないだろうか。

私は基本的に、人間の体に合った動きをしていれば、自然でラクなパフォーマンスができると考えている。前に述べたように、歩くことと同じように順番を間違えずに投げられれば、イップスは発症しない。逆に言えば、順番を立て直せればイップスは治せるはずだ。

そして、もう1つ。キャッチボールの段階から、様々な角度で投げられるような準備をしておくことだ。いつも投げている角度に加え、少し角度を下げてサイドスローぎみの投げ方を練習しておく。そうすれば、「今日は肩が重くてトップに入らない」と感じる日には無理に腕を上げず、サイドから投げればいい。体調や感覚が戻ったら、元の投げ方に戻せばいいのだ。こうやって、その日その日の投げ方をさがして投げられれば、イップス予防になる。

今だから言えるが、荒木もイップスを抱《かか》えながらプレーしていた。荒木はいつもボールを捕ってから、右手をグラブでパンパンと叩《たた》いてリズムを作り、そのあと、ツーステップで投げていた。こうやってリズムを作ることで、自分が投げるタイミングをはかっていたのだろう。

イップスの選手にありがちなのは、難しい打球をさばくときや、目いっぱい動くときはいいプレーができること。なにも考える時間がないことで、イメージどおりの動きができる。むしろ、問題は簡単な打球をさばくときだ。

イップスになる選手は、投げる動作のリズムが狂っていることが多い。ゴルフのパターでも、いつもなじんでいるリズムがあるはずなのに、試合になると、「これを入れないと……」というプレッシャーに襲われる。そこで考える時間ができて、普段よりも間《ま》が長くなる。そうすると、もういつもの感覚ではなくなるのだ。

また、荒木の場合は基本的に問題なくプレーできていたのだが、まれにダブルプレーの送球時に異変があった。ボールを鋭くリリースすると思いきや、離す瞬間に不自然にホワッと緩《ゆる》めてしまう。そうなると、私が送球を受けようと思っていたタイミングと合わなくなる。

コーチの高代延博《たかしろのぶひろ》さん（元日本ハムファイターズ・広島、現阪神二軍チーフコーチ）も、「あいつにリリースの調節を教えることだけはできない」と言っていた。練習ではできても、試合中に急にできなくなる瞬間がある。

それでも、私から荒木に「しっかり投げろ」などと言うことは一切《いっさい》なかった。送球面の不安があったとしても、それも織り込んだうえでの総合的な力量を評価されて試合に出ているわけだから。1人の選手として私がどうこう言える部分ではないと考えていた。

私ができることと言えば、対応可能な範囲で対応するだけ。例えばダブルプレーのとき、タイミングが合わない送球が来て、私が無理して転送すれば、ミスが起きる原因になる。だからそのときは、アウト1つ取れればいいと割りきっていた。

内野手・井端弘和に多大な影響を与えた名手の存在

1998年にプロ入りした私は、まずチーム内の久慈照嘉《くじてるよし》さん（元阪神・中日、現阪神内野守備・走塁コーチ）や鳥越裕介《とりごえゆうすけ》さん（元中日・福岡ダイエーホークスなど、現千葉ロッテマリーンズヘッド兼内野守備コーチ）といった名手の技術に圧倒され、大きく影響を受けた。とくに久慈さんの動きはショックだった。なにしろ、練習で後ろについてじっくりと見ているというのに、どう動いているのかさっぱりわからなかったからだ。

久慈さんは捕球と送球を連動させるタイプの内野手だった。捕球から送球までの基本的な流れは、①捕って、②右足を送って、③左足を着いて、④投げる。この4つで構成されるが、久慈さんはその手順を1つか2つ省いていたように見えた。

極端な言い方をすれば、久慈さんは打球を捕る前から送球動作が始まっていた。足運びがうまいとか、握り替えが素早いとか、そんな次元ではない。久慈さん以外の選手がマネすれば、体が流れてミスが起こるような動きなのだ。

私もマネを試みたが、断念した。捕る直前から足は投げる方向に向かっているのに、体は残っている。そんな超人的な久慈さんの動きは、せいぜい距離が短いダブルプレーに取り入れるのが精一杯《せいいっぱい》だった。

今のプロ野球を見ていても、久慈さんほどのレベルで連動させる選手は見当たらない。普通なら捕球から送球までの一連の流れを「1、2、3」というリズムで投げるのに、久慈さんは「1、2」で来る。だから、ダブルプレーに入ったときに、受け手が「あれ、いつ投げたの?」というほどボールに差し込まれてしまうことさえあった。

また、私がプロ3年目の00年におもにショートとして試合に出られるようになり、徐々に自信がついてきた中、04年に巨人から川相昌弘《かわいまさひろ》さんが移籍してこられたのも、大きかった。

巨人時代にゴールデングラブ賞を6回も受賞していた川相さんは、捕ることと投げることを連動させる久慈さんと違って、捕ることと投げることを分けて考えていた。

川相さんがよく言っていたのは、「捕ることと投げることは別だから。捕ったら、あとはキャッチボールをすればいい」ということ。川相さんは高校時代にエースとして甲子園に出場したように、久慈さんとは対照的に肩が強いタイプだった。だから、打球を捕りさえすれば、あとはキャッチボールの感覚で送球すればアウトにできた。キャッチボールで暴投することはほとんどないわけだから。現役選手で言えば、同じく投手出身の今宮健太（福岡ソフトバンク）がこのタイプだろう。

それまでは久慈さんしか知らなかった私が、また違う理論と動き方をしている選手に出会うことができた。久慈さんの幻影を追いかけていた私は、川相さんというお手本を見て、「まず目指すべきは、川相さんだ」と悟った。

そして最終的には、久慈さんの「連動型」、川相さんの「分離型」を実戦の中で使い分けられるようになっていった。ダブルプレーの場面などは連動式でいけるようになり、ここは確実にアウトを取ろうという場面では分離式で安全にプレーした。

打球方向の予測が難しかった青木宣親《のりちか》&谷佳知《よしとも》

現役時代に守っていて嫌《いや》だなと感じた打者は何人かいる。どちらかと言えば、パワフルなスラッガー系の打者ではなく、バットコントロールの巧《たく》みなアベレージタイプの打者が嫌だった。

20年も現役選手としてプレーしている青木宣親《のりちか》（東京ヤクルト）や内川聖一《せいいち》（福岡ソフトバンク）などが、まさにそのタイプだ。とくに青木はメジャーリーグ（ミルウォーキー・ブリュワーズなど）に行く前のヤクルト時代は足も速く、常に内野安打となり合わせの打者だっただけに意識させられた。さらに三遊間に寄っていると二遊間へ、二遊間に寄っていると三遊間へと、野手のいない方向を狙《ねら》ってくる。このあたりも、青木が打席に入ると駆け引きをやっていた。狙って打てるのだから、NPB（日本野球機構）初で唯一《ゆいいつ》の「シーズン200安打2回」を記録してしまうのもうなずける。

すでに引退した打者の中では、谷佳知《よしとも》さん（元オリックス、巨人など）も嫌な打者だった。NPB通算1928安打を記録したアベレージヒッターだったが、広角に打てるため、逆方向（ライト方向）に弾き返すのもうまかった。

厄介《やっかい》だったのは、なかなかバットのヘッドを返さないこと。ボールをとらえる直前にヘッドを返して三遊間に打つことがあり、「あっ」と思うあいだに抜けていく打球があった。内川が横浜（現横浜DeNA）時代に首位打者を獲得した08年ごろも、そんな打撃を見せていた。内野手はピッチャーが投げるボールと打者のスイング中に見せるバットの面で、打球方向を予測する。それだけに、最後の最後に瞬時にヘッドを返されると、どうしてもスタートが遅れてしまう。

左打者には「あっち向いてホイ」と私が呼んでいる、厄介な現象もあった。体は引っ張りにいっているのに、打球は差し込まれて三遊間に飛ぶ。そうなると、ショートは一歩も動けないのだ。東京ヤクルトの雄平《ゆうへい》などは、フルスイングしているのに打球はどん詰まりで三遊間に飛んでくることがあり、対応に苦労した。

ちなみに、練習のときに、右方向に打つと見せかけて、左方向に打つ……というフェイントをかけるノッカーもいるが、あれはまったく意味がない。もし今もやっている指導者がいるなら、くれぐれも自重《じちょう》してもらいたい。

「プレミア12」優勝で、改めて感じた守備の重要性

17年から日本代表「侍ジャパン」の内野守備・走塁コーチを務めるようになって、今まで以上に幅広く、様々な選手の守備を見る機会に恵まれた。

自分の考え方と日本を代表する内野手の動きを照らし合わせて、「やっぱりそうだよな」と再確認ができた。この2年あまりのあいだにも、「もうちょっとこうしたらいいのに」と思っていた選手が、私のイメージどおりに成長した姿も見てきた。これまでは、縁《えん》があっ

た中日と巨人ばかりを見てきたが、他球団の選手にもノックを打ってプレーをチェックすることで、見えてくるものがあった。口幅《くちはば》ったいようだが、やはり自分の守備理論は間違っていないと確信が持てたのだ。

19年秋の「世界野球WBSCプレミア12」で、稲葉篤紀《あつのり》「侍ジャパン」監督（元ヤクルトスワローズ・北海道日本ハムファイターズ、現北海道日本ハムスポーツ・コミュニティ・オフィサー＝SCO）の指揮のもと、日本は優勝を飾ることができた。苦戦する試合もあったが、勝敗を分けたのは守備力だったように感じる。他国が勝負どころでエラーから自滅していったのに対して、日本は堅固な守備で踏みとどまった。とくにオープニングラウンドは足場の悪い台湾の球場が舞台だっただけに、よく守ったと思う。

プレミア12ではおもに控えでの出場だったとはいえ、とくに成長を感じたのは源田壮亮《げんだそうすけ》（埼玉西武ライオンズ）だ。プロ入り1年目から侍ジャパンのメンバーに呼んでノックを打ってきたが、3年間で守備の安定感が一段と増してきた。1年目は、捕り方が打球によってまちまちだった。それが、プレミア12でノックを打ったときには、「もう大丈夫かな」と感じる動きになっていた。

どんな打球だろうが、いつもリズム、構え、捕り方が一定なのだ。これが簡単に言えば「安定」ということ。打球によって捕り方を変えたり、タイミングがバラバラだったりする

「侍ジャパン」のときに近くで見ることも多い源田壮亮。経験を重ねたことで、守備が安定した。

ようでは「安定」とは言えない。このあたりはノックの本数を受けて、実戦を多く経験する中で磨かれていくもの。練習での安定が、そのまま試合に直結していくのだ。

守備コーチは、ノックの意味をはき違えてはならない

私は16年から3年間、巨人の内野守備・走塁コーチを務めた。そこで何度も繰り返し選手に伝えていたのは、「守備を完璧にしてしまえば、打撃に専念できる」ということだ。

プロでレギュラーを張るような野手は、守備に神経を張りめぐらすのではなく、打撃に集中したいもの。守備は、一度技術を身につけてしまえば大きなスランプはなく、多少形が崩《くず》れたとしても、すぐに修正できるからである。

18年に3割30本100打点をマークして大ブレイクした岡本和真《かずま》にしても、打撃以前に守備力が向上したことが大きかったと、私は見ている。18年のシーズンが始まる前の時点で、私は岡本に「守備は仕上がったな」と、太鼓判《たいこばん》を押している。

現代野球は「打撃偏重《へんちょう》」の傾向が進んでいる。今やメジャーリーグで定説になりつつある「フライボール革命」（ゴロを避け、打球に角度をつけてフライを上げることで得点効率が上がるとされる理論）に象徴されるように、日本でも長打力を備えた打者は確実に増え

ている。小技を絡《から》めて苦労して1点を取る野球から、長打で大量得点を狙う野球に変わりつつあるのかもしれない。仮に、球界がその方向に進んでいくとしても、それはそれとして、私は守備の大切さを訴え続けていきたい。ホームランを打たれるリスク以上に、守備のミスから流れを失い、大量失点するリスクのほうが大きいことは変わらないからだ。

そして、守備を身につけておけば、試合に出られる可能性も高くなる。どんな選手もいずれ年をとり、控えに回る時期は来る。そんなとき、どのポジションでもこなせる守備力があれば、出場機会は必ずある。打つだけという選手は意外と多く、少しでも衰えが目立つと、とたんに出場機会を失う。当然、守備にも衰えはあるのだが、技術でカバーできる部分も大きい。結果的に、長く現役生活が送れることにつながるのだ。

私が内野守備コーチとして心がけていたのは、ノックのときにいかに単調な打球を打つかということだった。

単調な打球とは、ポーン、ポーンと2バウンドして、3バウンド目のショートバウンドで内野手のグラブにおさまるイメージだ。内野手には、まずこのリズムで捕球することを覚え込ませていた。

アマチュアでよく見るのは、内野手が捕れるか捕れないか……という球際ギリギリの打球をノッカーが打つ光景だ。一見するとうまくなるための練習に感じられるかもしれないが、これはまったく意味がない。ハッキリ言って、必要がない練習だ。

守備範囲を広げたいのなら、足の使い方を覚えさえすればいい。足さばきが良くなる、一歩目のスタートが速くなる、体の力が抜けてスムーズに動けるようになる……。そういった部分は、試合でいろんな場面に遭遇《そうぐう》し、考え、経験値を積み上げていけば自然と伸びていくものだ。ノック中に球際で捕る練習をしたからといって、守備範囲が広くなるわけではない。むしろ、ノックの打球に頻繁《ひんぱん》に飛び込んでいたら、ケガを負うリスクが大きい。

私の場合、試合前のシートノックになれば、さらに簡単な打球を打っていた。やさしく地面を這《は》っていくような打球で選手に気持ち良くさばいてもらう。そのことを意識した。ノックでは基本的な捕球リズムをつかむことと、グラブさばき、足さばきを磨くことを最優先すべきだ。球際ギリギリを狙ってノックを打つなど、指導者の自己満足でしかない。

源田壮亮が名手で居続けるために必要なこと

源田のこれからの課題は、30歳を超えた自分をイメージして先回りできるかだろう。いずれ30歳を過ぎれば、全盛期ほどは動けなくなっていく。そこで本人がどう感じ、衰えにどう対応できるか。源田の場合、現時点では動けているだけに、動けなくなる未来を想像しにくいかもしれない。

私の場合、30歳を超えると下半身に衰えが出てきて、基本の重要性に立ち戻った経験がある。そんなときに私が幸運だったのは、宮本慎也さんや石井琢朗《たくろう》さん（元横浜・広島、現巨人野手総合コーチ）といった、ちょうど5歳上の人が同じリーグにいたこと。名手として体が動いている時期と、スピードや体力が少し落ちてきた時期の変化と対応の仕方を見させてもらったことはありがたかった。

私が一軍の試合にコンスタントに出るようになったときは25歳で、宮本さんや石井さんは30歳。お2人にとってその時期は、経験もあって、まだ足も動けていて、いちばんいいころだったはず。スピードは20代のほうがあったかもしれないが、若い時期は得てして雑さも残っているもの。30歳前後になるとプレーに丁寧《ていねい》さが出てきて、状況や打球に応じた順応性、視野の広さも出てくる。そこから、体がさらに衰えていくと、技術でカバーするしかない。

私はそんな姿を見せてもらっていたので、「30歳になる前に準備しないといけないな」と考えることができた。そして私が29歳になる04年に、巨人から大ベテランの川相昌弘さんが移籍してきたのも、先述のお2人のときと同じく幸運だった。川相さんはゴールデングラブ賞6回の名手だったが、当時は40歳を迎える年齢で、さすがに動ける範囲は限られていた。それなのに、難しい打球を簡単にさばくし、フットワークも巧《たく》み。川相さんの高い技術を見て、「やっぱり、やっておかないといけないな」と思いを新たにした。私にとっては、このように身近にいいモデルとなる先輩がいたことが大きかった。そこで基本の大事さに、改めて気づかされたのだ。

源田もこれから早めに基本を徹底しながら、プラスα《アルファ》の技術をうまく身につけていく練習をやってほしい。それを怠《おこた》ってしまったことで、30歳を超えて急激に衰えてしまう選手も珍しくない。動けなくなってから考えるのでは遅いのだ。

バッティングは、「パワーが衰えたら」などと先々のことを考えられる。だが、守備のことは意外とイメージができないので、それが落とし穴になりかねない。名手と言われる選手であっても、早めに準備を始めてほしいのだ。

故障続きでも、吉川尚輝《なおき》が近未来のスター候補と考える理由

私が巨人で守備・走塁コーチを務めた17～18年に、とくに期待を込めて指導した選手が吉川尚輝《なおき》だった。16年オフのドラフト1位で入団した大卒選手だったとはいえ、アマチュア時代に高度な技術は教わっておらず、「なにも知らない」に等しい状態だった。入団当初

はプレーが軽率で、エラーも多かった。

だが、貪欲《どんよく》で理解力のある選手だったから、2年間で見違えるように成長してくれた。先述したように、私の中には、「野球は股関節でやるもの」という持論がある。常に股関節の上に上体が乗っていれば、よけいな力が入らずにリラックスしてプレーができる、というのがその考え方の柱だ。しかし、吉川の場合、肩が強いせいか、スローイング動作の際に股関節に上体が乗っていない状態で投げてしまうクセがあった。だが、こうした悪癖《あくへき》も徐々になくなり、プロ2年目には「仕上がった」と言えるほど上達した。

吉川ほど瞬発力があり、動きが速い選手は見たことがない。ハッキリ言って、全盛期の荒木よりも上だろう。しかし、吉川は故障に苦しんできた。

プロ2年目の18年は92試合に出場してレギュラーをつかみかけながらも、8月にヘッドスライディングした際に左手を骨折。さらに翌19年は春先から好調で打率3割9分0厘を記録しながら、腰痛に襲われ、そのままリハビリでシーズンを終えた。

それでも、私の吉川への期待が揺《ゆ》らぐことはない。体さえ万全になれば、日本を代表する内野手になれる可能性は十分にある。

ケガが多いことも、やや不思議な言い方になるが、吉川にとっては良かったかもしれない。というのも、今までの吉川はスピードがありすぎた。あれだけのスピードで動けば、ブレーキをかけるのに人の何倍も負担がかかってくる。さらに、足の動きに腕がついてこられないという弊害《へいがい》もあった。ケガをしたことで動きが少し制限され、ちょうど良くなる可能性もある。スピードが大幅に落ちたら問題だが、少し落ちるくらいなら問題はない。吉川は今まで制御できなかった自分の体を、ようやくイメージどおりコントロールできるようになるのではないだろうか。

そもそも19年末段階の大卒3年目を終えた時点で、通算99安打と、同時期の私（86安打）よりもヒットを多く打っているのだ。気持ちの面で少しは余裕も出てきただろうし、「ケガをして良かった」と思えれば、4年目の20年シーズン以降に大ブレイクできるだろう。

近い将来、坂本勇人《はやと》をサードあたりにコンバートして打撃に集中させ、吉川にショートを任せられれば、巨人の内野陣は安泰だと見ている。

将来楽しみな根尾昂《ねおあきら》&小園海斗《こぞのかいと》の課題

今のNPBでとくに有望な若手内野手として注目される根尾昂《ねおあきら》（中日）と小園海斗《こぞのかいと》（広島）。ともに18年オフのドラフト会議の目玉で、根尾は4球団、小園は3球団の1位指名を受けてプロに進んでいる。

2人ともショートとして期待された逸材《いつざい》だけに、私もルーキーイヤーから注目してきた。とはいえ、彼らも高卒1年目を終えたばかり。技術的にはまだまだ一軍レベルに達しているとは言いがたい。さらに中日には京田陽太《きょうだようた》、広島には田中広輔《こうすけ》と実力のあるレギュラーショートがおり、彼らの故障でもない限り、ポジション奪取は簡単ではない。そのため、2年目に入って、根尾はセカンドや外野、小園はサードに取り組むようになった。だが、まだ年齢的にも若いので、いずれは再びショートに戻って、球界を代表する選手になってもらいたい。

根尾の1年目を見て感じたのは、打撃も守備も動きに固さがあったことだ。打球に対して身構えてしまい、それがよけいな力《りき》みとなり、ミスにもつながっていた。かつては巨人の坂本勇人もそんな固さがあったし、私にしてもプロ入りして5年くらいは固さが抜けなかった記憶がある。根尾は高校時代にはピッチャーも務めており、ショートとして試合に出るようになったのは、最上級生になってから。まだまだショートとしてのキャリアが浅いのだから、慣れていないのは当然。その分、伸びしろが十分にあると考えるべきだ。

私が巨人の一軍内野・守備コーチを務めていたころ、坂本や岡本和真に対して「エラーをしてもいいから、力を抜け」と常に言っていた。力んで捕るくらいなら、力を抜いてエラーをしたほうがまだいい。試合で力が抜けるようになったら、ミスをする原因、課題が明確になってくるもの。その感覚を何回かのエラーでつかんでくれるなら、安いものだ。

現在、中日では荒木が一軍内野守備・走塁コーチを務めている。荒木も根尾に対しては並々ならぬ期待をかけているようだし、根尾も荒木を信じて勉強していってもらいたい。

小園は1年目の春先に見て、なによりもその体の厚みに驚かされた。まるで大卒ルーキーのようにたくましい体で、加えて新人としては走攻守にレベルが高い。すぐに「まれに見る逸材だ」と直感した。将来的には、野村謙二郎《けんじろう》さん（元広島、元広島監督）のような名球会クラスの超一流プレーヤーになるだけの可能性を秘めている。

なにより若手をじっくり育てる傾向が強い広島で、高卒1年目から一軍で58試合に出場した事実だけでも評価したい。6月のデビュー直後はエラーを連発して、最終的に9失策。フルシーズンに換算すれば20以上になる。それでも、一度は二軍に落ちながら後半戦に再昇格すると、明らかに守備が上達した姿を見せてくれた。一軍で味わった悔《くや》しさを糧《かて》に這《は》い上がってきたのだろう。今後も向上心は持ち続けてほしい。

守備に関しては、技術的に細かく見ていくと、まだまだアラは目立つ。それでも、広島は私も中日時代にお世話になった山田和利《かずとし》さん（元中日、広島）が一軍守備・走塁コーチを務めている。小園も山田さんのもとでじっくりと力をつけて、ゆくゆくは田中からポジションを奪えるだけの内野手に成長してもらいたいものだ。

大事な試合になればなるほど、効力が薄くなる極端なシフト

近年、メジャーリーグでは、左方向、あるいは右方向へ、極端な守備シフトを敷くチームが目立ってきている。打球方向の細かいデータが出ており、打者やカウントによって野手が目まぐるしく移動していく。

その波は、日本にもやってきている。19年には北海道日本ハムがオリックスの主砲・吉田正尚《まさたか》が打席に入った際に、サードが外野を守る「外野4人シフト」を敷いて、話題になった。また、数年前に、「内野5人シフト」を目にすることもあった。

ただし、私から見ると、過剰なシフトには疑問がある。なぜなら、日本には極端に打球方向が偏《かたよ》る打者がほとんどいないからだ。

チャンスの場面でサードがガラ空《あ》き……となれば、「あっちに打とう」となる打者はたくさんいるだろう。常にホームランを狙っているようなスイングをする山川穂高《ほたか》(埼玉西武)にしても、必要に応じて右方向に軽打することだってできるのだ。

吉田のケースにしても、たまにハマることはあるかもしれないが、その気になれば左方向へ流すことだってできるだろう。一打逆転の大事な場面で外野4人シフトを敷いたら、簡

単にサード前に打球を飛ばすはずだ。それだけの技術はある。

守備側からすれば、ここぞという場面で、極端な守備シフトをあざ笑うかのようなバッティングで得点を許してしまったら、ダメージは大きい。どうしても1点も失いたくない場面で内野を5人にするケースもあるが、外野は2人になってしまう。外野に打てないプロ野球選手などいないだけに、それは最後の最後の最後……という本当の切り札にすべきだろう。

監督の意志で最後に勝負をかけるならまだしも、普段から極端なシフトを敷くのは、メリット以上にデメリットが大きいと感じる。せいぜい従来のポジションより、傾向の出ている打球方向に寄るくらいが現実的だ。

私はメジャーリーグの試合もよく見るのだが、メジャーも例外ではない。シーズン中に極端なシフトを敷かれる打者であっても、ポストシーズンになるとセーフティーバントや誰もいない場所に軽打するシーンを見たことがあった。

プレミア12の大会中にも極端なポジショニングを敷くチームがあったが、私はなんとも思わなかった。侍ジャパンに選ばれるほどの選手なら、どの打者でも広角に弾き返すだけの技術を持っているからだ。もし、オリンピックで極端なシフトを敷くチームが現れたら、私はむしろ「チャンスだ」と思うだろう。

変則シフトの実践例

【片方へ極端に寄せるシフト～2019年11月12日 プレミア12・日本VSアメリカより～】

守備側のアメリカは、この大会で打撃好調だった鈴木誠也（広島）を最大限警戒。初回、ランナーを置いた打席でも一塁手と二塁手を大きく三塁側に寄せるシフトを敷いており、この写真の場面、4回裏一死走者なしというケースでも同様の守備陣形で臨《のぞ》んだ。外野は定位置に近いポジションだったが、鈴木はセンターの頭上を越える打球を放《はな》ち、三塁打に。

【内野5人シフト～2014年7月11日 巨人VS阪神より～】

阪神は、6回表に2点を加えて4対2と勝ち越し、さらに一死二、三塁。1点もやれない巨人は、代打・西岡剛《つよし》に対し、レフトの亀井善行《よしゆき》が三遊間に入る変則シフトで対抗。3人から2人となった外野は、右中間と左中間に配置。西岡の打球はセンターへ。通常なら平凡なセンターフライだが、外野手2人のあいだに落ちるヒットとなり、2者生還《せいかん》。巨人の勝負手は裏目に。

日本人内野手だってメジャーリーグでも通用する！

日本人内野手の身体能力、技術は外国人内野手に比べて劣《おと》っているのだろうか。実際に近年は「日本人内野手は、メジャーリーグでは通用しない」と言われ、海を渡る内野手はほとんどいなくなっている。19年オフに、ゴールデングラブ賞の常連である広島・菊池涼介がＦＡ（フリーエージェント）でメジャー移籍を目指したものの、結局、断念した。

だが、私は日本人内野手が外国人に劣っているとは思わない。むしろ細かい動きは、日本人のほうが優《すぐ》れているとさえ感じている。

フィジカル面では外国人選手のほうがパワフルで、とくにスローイングの強さは日本人よりも数段上だろう。スローイングが強く、そして自信もあるから、外国人選手はゴロに対して前に出てくる必要がない。打球を捕ってさえしまえば、あとは強肩を生かしてアウトにできるからだ。

日本人内野手が考えるべきことは肩を強くすることでも、握り替えを素早くすることでもない。力強い送球動作に移るための捕り方を追求することである。

かつての名ショートだったデレク・ジーター（元ニューヨーク・ヤンキース）など、芝生と土の境目に守って、そこから一歩も出てこないことだってあった。ほかにもメジャーの内野手は、前に出てくるイメージがない。それだけ早く捕球態勢に入り、準備を終えているのだ。

一方、日本人内野手は総じて準備が遅いため、打球に差し込まれてしまう。日本はイレギュラーがほぼない人工芝の球場が多いからか、たとえ準備が遅くてもなんとか捕れて、間に合ってしまうが、バウンドが変わりやすい天然芝の球場がほとんどのメジャーでは、準備の遅さがミスに直結してしまう。

また、日本人内野手の多くは、どんな打球に対しても「正面」に入るクセがついてしまっている。例えばショートの選手が三遊間の打球を捕りにいくケースでも、無理やり体の正面にグラブを入れて捕ろうとする。前述したように、ヘソの前にグラブを入れれば、逆シングルでも「正面」になる。そのほうが、強い送球ができる場合もあるのだ。

逆シングルのポイントは、極論すれば、足さばきだけである。グラブだけで捕りにいこうとするのではなく、逆シングルでもヘソの前に打球が来る位置まで足で運ぶ。そうすれば、スローイング動作に移りやすい逆シングルが完成する。

まずはこの技術をしっかりと身につけることが、世界的に通用する内野手への第一歩になるはずだ。

アライバ対談
ARAIBA

前編

守備の奥深さ&「アライバプレー」の真実・実践法

7年ぶりの邂逅《かいこう》と衝撃

「7年もブランクがあるのに、やっぱり荒木とはやりやすい」▲井端
×
「井端さんは、頭の中で考えたことをそのまま再現できる」▲荒木

荒木　井端さんとこうやって一緒に本を出させてもらうことはもちろん初めてですし、お互いに現役を引退してから、プレーヤー時代の「答え合わせ」をするような機会はなかったですよね。だから、すごく楽しみにしていたんです。対談、よろしくお願いします！

井端　俺《おれ》も、荒木と久しぶりにじっくりと野球について話せるのを楽しみにしていたよ。こちらこそ、よろしく。

荒木　現役後半は、お互いを気にすることなく、集中して守っていたんで、そこまで密《みっ》に会話をすることもなくなっていましたからね。二遊間を組み始めた若手のころは、まわりから「お前ら、そんなにしゃべっていて大丈夫か?」と言われるくらい話していたような記憶があります。そう言えば、広島の田中広輔と菊池涼介もよくしゃべっていますよね。

井端　いつか、彼らに聞いてみたいんだよね、「会話の量は減っている?」って。お互いに気にしない関係になったら、本物だと俺は思っているんだけど。

荒木　ほんと、そうですよね。で、井端さんの公式YouTubeチャンネル『イバTV』の収録で、久しぶりに一緒に体を動かして、改めて井端さんのすごさを感じましたよ。

井端　俺は改めて確認したというか、やっぱり荒木とのプレーはやりやすかった。7年もブランクがあった中、使うボールも軟球だったし、内心では「今日中に感覚が戻るのかな?」と思っていた。でも1、2球ノックを受けただけで、「あぁ」という感覚が戻ってきた。驚くほど違和感がなくて、やっぱり乗ってくるね、こっちも。「このまま、今シーズンいけるんじゃないか?」くらいの感覚はあったな(笑)。

荒木　こちらも、ドラゴンズの与田剛《よだつよし》監督(元中日など)に、「いいテスト生がいます」と電話しようと思っていたんですけど。

井端　でも、1日練習したら、4日は休まないとダメだな(笑)。

荒木　その時点で、採用は丁重《ていちょう》に見送らせてもらいました(笑)。

井端　荒木のノックを10球受けただけで、もうバテバテだったから。

荒木　でも、井端さんの捕る形は、やっぱりきれいですよね。僕が求めているプレーを現役選手ができていないのに、井端さんはすぐにできる。ノックを打っていて、気持ち良かったです。

井端　どこが良かったのかな?

荒木　ボールを捕るときの間《ま》だったり、バウンドが合っていなくてもそう見えない捕り方だったり、さすがだなぁと。いいものを見せてもらいました。

井端　俺も荒木も内野手としてのタイプは違っていたし、お互いに持っていない部分に目が行くのかもしれないな。

荒木　井端さんは、頭の中で考えたことをそのまま再現する能力がすごいんですよね。プレーに対して、ちゃんとした準備ができている。勢いでプレーするタイプだった僕には足りない部分でした。「そんなことないよ」と謙遜《けんそん》されますけど、ちゃんと緻密《ちみつ》に計算してやっているように、僕には見えました。

井端　逆に俺は、荒木の圧倒的なスピードにはかなわない。荒木は「勢い」と言うけれど、そのスピードはいちばんの特徴だと思う。これだけのハイスピードで打球に飛び込んだり、ベースランニングしたり……という部分では、当時のプロ野球で右に出る者はいなかった。それは正直、「うらやましい」のひと言だったよな。俺の長所には頑張《がんば》ればたどり着ける部分があるけど、荒木のスピードはある程度、天性のもの。欲しい人はいっぱいいたと思う。パワーはトレーニングで身につくけど、スピードはいくら身につけようとしても、「どこが変わったの？」という程度にしか変わらないから。自分の特徴を生かせたことが、荒木が長く現役生活を送れた秘訣《ひけつ》なんじゃないかな。

天敵・赤星憲広との攻防

「赤星さんを刺して、井端さんは珍しくガッツポーズを見せていた」▲荒木
×
「厄介《やっかい》と思うということは、最高の選手だったということ」▲井端

荒木　僕、井端さんの考え方にはかなり影響を受けていたんですよ。いつだったか、僕がいい当たりの打球を打ったのに相手のファインプレーでアウトにされて悔《くや》しがっていたら、井端さんがこう言ったんです。「しょうがないよ。お前、さっきファインプレーしただろ？他人のヒットを捕ると、自分のヒットを捕られるんだ」って。

井端　まあまあ、そういうこともあったかもな（笑）。

荒木　前から思っていたんですけど、井端さんは1つの物事に対して、僕らが見ているところと違う方向からとらえられますよね。「他人のヒットを捕ったから、自分も捕られた」という見方は、たぶん大真面目《おおまじめ》に言っていたわけではないと思うんです。そんな話をしてくれて、ぷっと笑いが起きて、気持ちがラクになる。あくまで、物事にはそんなとらえ方もあるんだよと教えてくださったように感じています。「悔しい」と思ってイライラしてやるより、笑いを入れたりしながら気持ちを切り替えてやったほうが、次のプレーに支障が

出ないですから。

井端　まあ、そうだよな。自分のヒットを捕られたら自分が悲しむだけだけど、相手チームのヒットを捕ったら自分だけじゃなくて、ピッチャーもベンチも喜ぶわけだし。野球は個人スポーツではないから、自分の中でそう解釈していたんだと思う。自分のヒットを打つことより、人のヒットを止めることに神経を注《そそ》いでいた。その方向に気持ちを向けていったほうがラクなんじゃないかなと。

荒木　人のヒットを止めるという意味では、阪神戦で赤星憲広さんがバッターのときに、井端さんが三遊間の打球をドンピシャで止めて刺して、珍しく小さくガッツポーズを見せたことを覚えているんですよ。

井端　ガッツポーズなんか、したかなぁ？（笑）。

荒木　覚えてないですかねぇ？

井端　まあ、赤星は亜細亜大学の後輩でもあるし、天敵だったからね。

荒木　ほんと、そうなんですよね。

井端　技術も、足もあるバッターだったし。ショートとしては二遊間も三遊間も両方追っても、正面のゴロしかアウトにできない。だから、もう読み合いだったよな。ピッチャーとバッターの状態を見て、「これは、力的に三遊間だろう」と決めつける。

荒木 でも、赤星さんの三遊間のゴロをアウトにしたとき、井端さんは直前の赤星さんの打席で二遊間にいたんですよね。

井端 毎打席、そこの読み合いで勝負していたから。だから赤星との対戦は楽しかったな。極限まで集中して、プレーしていたし。逆に言えば、ちょっとラクだった。

荒木 そうなんですか？

井端 二遊間か三遊間に絞《しぼ》って、「こっちだけは」と割りきれたからね。逆を突かれたら、「すみません」と言うしかない。

荒木 赤星さんは、あのころの阪神のキーマンでしたからね。

井端 赤星を塁に出したら失点につながるし、なるべくアウトにしておきかった。究極は2アウト三塁の場面で、赤星が三塁ランナーだと、「厄介《やっかい》だな、こいつ」としか思っていなかった。相手が厄介と思うということは、最高の選手だったという証《あかし》でもあるけど。

荒木 それは間違いないですね。僕も赤星さんが打席に入れば、前寄りにポジションを移していました。今にして思えば、赤星さんが打席に入ると、井端さんから『ここ1個（1アウト）だけな。ゲッツー取りにいってミスするのも嫌《いや》だから』と言われることが、やたら多かったような気がします。

井端 最初からダブルプレーを追ってミスするくらいなら、はなからあきらめて、1アウ

盗塁王5回の赤星憲広は、バッテリーだけでなく、自分たち内野陣などにも脅威《きょうい》の存在だった。

トだけでいいと。通常のゲッツー態勢だと、二遊間は二塁ベースに寄るポジショニングになるけど、それだとヒットゾーンが広くなってしまう。俺が三遊間を守って、二遊間を荒木に任せる、もしくは俺が二遊間に寄って、荒木に一、二塁間を任せることもあった。その役割分担は、うまくできていたのかなと。赤星が引っ張るか、反対方向に打つのか。考えていたのはそこだけ。

人知れずアライバを苦しめた(!?)クセ球左腕

「野球をやっていて、見たことがないくらいの打球でした」▲荒木
×
「遠征後のナゴヤドームだと、スネークしていく」▲井端

井端 中日はコントロールがいいピッチャーが多かったから、打球方向の予想が立てやすかった。逆に、守りにくかったピッチャーはいる？　もしかしたら、一緒かもしれない。

荒木 現役時代にその話をしたことはなかったですよね。僕は川井雄太ですね。

井端 やっぱり一緒だった（笑）。まあ、クセ球が川井の持ち味だったから、本人に「守りにくい」と伝えたことはないけど。川井の場合、投げるボール自体も特殊だし、バットに当たったあとの打球も、あまり見たことのない回転をするんだよな。

荒木 もう、ひどかったですよ(笑)。

井端 普通、ゴロ打球って片側に切れていったり、真っ直《まっす》ぐに来たりするものだけど、彼の場合は、右、左、右、左と来て、こっちも「えっ?」とリズムが狂う。打ち取っている打球だから、エラーをすると、ショックも大きい。

荒木 長いこと野球をやっていて、見たことがないくらいの打球でしたよね。

井端 打球のチェンジアップみたいな。同じ打球が二度と来ないような感じだよな。

荒木 あぁ、同じ球はなかったですね。

井端 ナックルボールみたいな打球もあるし、いろんなバリエーションのものが飛んできた。でもまあ、変な回転だということは、打者も打ちにくかったと思うよ。

荒木 彼の持ち味でしたからね。

井端 ところで、ナゴヤドームの人工芝って、今も巻いてるの?

荒木 巻いていますよ。

井端 ナゴヤドームはコンサートとかイベントがあると、人工芝を1回巻いて、また張り直すんだよな。巻くと、芝がいろんな方向に寝ちゃう。

荒木 遠征から帰ってきたときは、とくにそうでしたよね。

井端 東京ドームだろうがどこだろうが、川井が投げたボールはそういう打球になるんだけど、遠征後にナゴヤドームに戻ってきて、彼が先発すると、あっちこっちに跳《は》ねてスネークしていくから、とくに警戒していたよ。これはもう難しかった。

「アライバプレー」の真実

「選択権はあくまでセカンドの荒木だから」▲井端
×
「実は、井端さんの手のひらの上で転《ころ》がされていた」▲荒木

荒木　この本の読者は、「アライバプレー」についても知りたいんじゃないですか？　僕の中でアライバプレーの始まりは、試合中に二遊間の打球を捕った際に井端さんの声が聞こえてから。とっさに井端さんにトスをして、打者走者をアウトにできた。そこがスタートだったのかなと。もしかしたら、井端さんはもっと前からあの位置まで走り込んで、僕に声をかけてくれていたのかもしれないけど。

井端　どうだったかなぁ。あのプレーのヒントになったのはダブルプレーなんだよね。俺もセカンドをやっていたからわかるけど、二遊間のゴロを目一杯《めいっぱい》の体勢で捕ってしまうと、一塁に投げるための力が残っていない。そこから一塁方向へ180度もターンしないといけないから、相当な負担がかかって、強い送球はできないんだよな。

荒木　ですよね。

井端　でも、ダブルプレーのときは、グラブトスをすればゲッツーを取れることもある。なら、セカンドゴロでも俺が荒木の近くにいれば、アウトになる可能性はちょっと高くなるんじゃないか、とね。数%でもアウトにできる可能性が上がるなら、やってみようと思ったんだ。それからは、とりあえず俺も、トスを受けられるあの位置まで動いていた。

荒木　そう、そこがすごいんです！　井端さんは、僕がトスしないときも近くまで走り込んで、準備してくれていましたから。

井端　普通は、あそこまで飛んだら追わないからね。1、2歩走って、追うのをやめる。荒木が目一杯の体勢で捕ったときに、「あのあたりに立っていれば、荒木は投げやすいはず」と入っていたのが、あのプレーの最初だったと思う。

荒木　練習したことはなかったですからね。実戦の中で生まれたんですよね。

井端　荒木が自力で投げたけどあまり強いボールを投げられず、一塁がセーフになったときに、ちょっと「あるよ」と言ったことはあった気がする。

荒木　あぁ、そういえばあった！　僕、責められてるのかなと思いましたもん(笑)。

井端　そう？(笑)。でも、あのプレーを実践するには、こっちには選択権がないからね。

荒木　トスするかどうかは、「お前に任せるよ」と言ってくれていましたね。

井端 選択権はあくまでセカンドの荒木だから、俺からは「来いよ！」とは言えなかった。でも、あのプレーが決まるときは「よし、トス来い！」という感じじゃないんだ。成功するときは意外と、「とりあえず行っておくか」と習慣で行って、来ないと思ったら「来た！」と驚いて対応することのほうが多かった。それが、逆に良かったのかもしれない。「よっしゃ！」と気合いを入れてやっていたら、お互いに力《りき》んでしまっていたかも。ちょっと予想外くらいのほうが、変な力が入らずにプレーできたんじゃないかな。

荒木 井端さんが「よし来い！」という感じじゃなかったということは、僕が聞いた井端さんの声は空耳《そらみみ》だったんですかね(笑)。

井端 いやいや、声は出していたよ。

荒木 やっぱり「トス！」とか、なにか言っていましたよね。まあ、あそこで声を出すということは、なにかがあるということですもんね。

井端 そうなるね。

荒木 その場で踏ん張って投げても良し、ジャンピングスローしても良し、井端さんに頼っても良しと。

井端 捕った時点で荒木に力が残っているかどうかは、俺にはわからないことだから。

荒木 でも、僕からすると、選択権は僕にあるように見えて、実は、井端さんの手のひらの上でうま～く転《ころ》がされていた感覚でしたよ(笑)。

井端　そんなことないよ(笑)。

二遊間コンバートで得たもの

「ショートに移った当初は、ファーストまでボールが届かなかった」▲荒木

×

「セカンドのような切り返しの動きは、それまでなかった」▲井端

荒木　２０１０年に僕と井端さんのあいだでポジションを交換したときに、またショートについていろいろと教えてもらいましたね。

井端　そのころは、荒木がセカンドを守っていることが当たり前の感覚で、なにも打ち合わせや確認をしなくてもお互いやれていたから、特別に話すこともなくなっていたんだよな。ときどき荒木以外の若手がセカンドに入ると、セカンド側が気になってしょうがなかったな。「こいつは、本当にわかっているのか？」って。

荒木　ありがとうございます(笑)。でも僕、ショートに移った当初はファーストまでボールが届かなかったですからね。まず、セカンドにすっかり染まってしまって、前に出てくる習慣がない。バウンドのきれいなところで捕るために、下がってでも打球に合わせていたから。でも、ショートでそれをやってしまうと、全部セーフになってしまう。さらに、あわてて投げると、今度は悪送球。井端さんには、「ちゃんと前に出て、追ったほうがいい」とか、「セカンドならそれでもいいけど、ショートはファーストの数メートル先に人がいると思って投げたほうがいい」とか、けっこう教えてもらいましたよね。

井端 逆に俺は、セカンドに移って、肉体的にキツかったよ。ショートでは、セカンドのような切り返しの動きは、それまでなかったから。あとセカンドは、一、二塁間の打球に追いついたあと、かなり変な体勢でファーストに投げることもあるでしょう？ ショートは意外と流れで行ける動きばかりだから、そんなに無理な体勢で投げることはなかった。35歳になる年だったから、あんな動きを一、二塁間だ、二遊間だ……とやるとなると、しんどいものはあったよ。

荒木 僕は33歳になる年でのショートコンバートでした。でも、とくに愚痴《ぐち》を言い合うようなことはなかったですよね。

井端 落合博満さんが監督に就任したときから、「元は井端がセカンド、荒木はショートだったから、そっちのほうがいいんじゃないか？」と言われていて、そのアイディアがスタートだった。だから、急に「コンバートしろ」となったわけではなく、毎年そういう話は出ていたよね。その伏線があったんで、10年シーズンはまあ、「とうとう来たか……」という実感だったな。

荒木　それまでも春のキャンプでは、毎年のようにポジションを交換して練習はしていましたからね。

井端　やったんだけど、間に合わない……みたいな感じで、元に戻ることを繰り返していた。お互いにそこまで、真剣に取り組んでないというのもあったんだろうけど（笑）。

荒木　正直言って、「どうせ戻るんでしょ？」みたいな思いはありましたよね（笑）。

井端　だから、俺にとってはショートの練習の一環としてのセカンド、荒木にとってはセカンドの練習の一環としてのショート……みたいな感じだった。本当にコンバートすることになった10年シーズンのときは、前の年の秋から言われていたよな。

荒木　あれは本気だったたですね。

井端　それまでは春のキャンプの初日に言われていたけど、キャンプに行く前から言われたからには「いよいよ、やるのか」と腹を決めるしかない。オフの自主トレからセカンドを守る感覚で、ノックを受けたりしていた。

荒木　僕ら選手はもう、上から言われたことをやるしかないですもんね。

井端　監督の言うことは絶対だから。そこに選択権はないよね。

（191ページからの対談中編に続く）

第2章

ARAIBA

アライバ「攻撃」の鉄則

ARAIBA

荒木雅博の打撃・走塁論

~1番打者の役割、安打・盗塁術、攻撃連係~

打撃に自信のない男が、2000本安打を打てた理由

この章では、攻撃にまつわる打撃・走塁について、私なりの考えを述べていく。

まずは打撃について。私は通算2045本のヒットを放《はな》ち、名球会に名をつらねさせてもらっている。数字だけを見れば、自分でも「なんでこんなに打てたのだろう?」というのが率直《そっちょく》な実感だが、ハッキリ言って、打撃は今でも自信がない。

そんな人間が打撃を語るのはおこがましいが、あくまで、自信がないのに2000本安打を打てた人間の1つの事例として、体験談をお伝えしたい。

私のスイングはどちらかというと、外から入ってくるタイプだった。外回りの軌道を描く、いわゆる「ドアスイング」だ。ボテボテのゴロ、あっさりした凡打が多く、そんな淡白な打席を減らすことと、いかに内側からバットを出すかということを、いつも考えてプ

レーしていた。しかし、身に染《し》みついたクセはなかなか直せないもの。ならば、待ち球を変えて、打てるボールが来るまで待つしかないとも考えた。だが、私は変化球を狙《ねら》って打てるほど器用な選手でもなかった。

さらに、若手時代の私は基本的に守備固めや代走からの出番だったため、ほとんど打席は回ってこない。回ってきたとしても、7回や8回に1打席だけだ。

最初はやはり打てない。技術がないのだから、当たり前と言えば、当たり前。「俺《おれ》は守備の選手だし……」と思ってしまえば、それまでだ。

でも、「どうせ打席に立つなら、打ちたい」と、私は考えた。ならば、どうすべきか。

そこで私は、「真っ直《ま》ぐ《す》は、1打席に必ず1球は来る」ということに気がついた。それなら、「真っ直ぐは100％打てる」というところまで、ピッチングマシンを打ち続けてやろうと考えたのだ。どんなコースに来ても、必ずセンター前に打ち返す練習をひたすら続けた。夜もずっとバットを振り続けた。

フォームについてはあまりこだわらない。インコースだろうとアウトコースだろうと、ピッチングマシンの少し上を目がけて、ライナーで持っていく。そんな練習をひたすらやっていた。1打席に1球来るかどうかの真っ直ぐを、確実に打つ練習だ。

だから、数少ない打席に立って、初球の真っ直ぐをのがしたら、私には打てるボールが

若手時代から引退まで、打撃練習に励《はげ》んだ。真っ直ぐを打てるようになり、通算2045安打を記録。

なかった。真っ直ぐしか打てないロボットのような人間だったのだ。

これはあくまで自分の感覚だが、投手は真っ直ぐをいちばん練習する。変化球が入らないとなると、必ず真っ直ぐが来るものだ。その真っ直ぐを、いかにミスショットせずに仕留めるか。打てないボールは打てないと割りきる。だから、初球のストレートは多少ボールゾーンでも、ヒットにできると思えば打ちにいっていた。これは、割りきりがないとできない。

初球から狙った球をガンガン打ちにいく私のスタイルは、こうして作り上げられた。そう書くと格好良く思えるかもしれないが、単純にそうするほかなかっただけだ。

もし打者・荒木と対戦したら、全部シュートで抑えられる

真っ直ぐが打てるようになって、レギュラーとして試合に出始めると、意外と変化球も慣れて打てるようになるものだ。変化球ばかり投げる技巧派は、左ピッチャーに多い。だが、左ピッチャーの変化球に関しては、私はなんの苦労もしなかった。

左ピッチャーのボールは右打者の自分の体に向かってくるだけに、曲がろうがバットには当たる。右ピッチャーの変化球はスライダー、カーブなど自分から逃げていくだけに、バットに当たりにくくて空振りしてしまうからだ。

そして、技巧派だとそれほどスピードが速いわけでもない。だから、変化球にヤマを張っておいて速球が来ても、なんとかなると考えていた。石川雅規《まさのり》（東京ヤクルト）のような技巧派左腕も、打てる年と打てない年に分かれてはいたが、決して苦手ではなかった。

一方、ドアスイング傾向だったことは先にも述べたが、どうしてもインコースは窮屈《きゅうくつ》なスイングになりがちだった。とくに右のシュートピッチャーは苦手だった。打てども打てども、ショートゴロにしかならない。最も苦戦したのは、大竹寛《かん》（元広島、現巨人）だろうか。前日に3安打と当たっていても、次の日に大竹が先発するとノーヒットということもあった。なんで調子がいいのに打てないんだ……と暗澹《あんたん》たる気分にさせられたものだった。どうせ打てないならばと、ヘッドを返すのを遅らせ、ファウルを打って粘ることを考えるようになった。それくらい、シュートピッチャーへの苦手意識は強かった。もし自分がピッチャーとして打者・荒木と対戦したら、全部インコースにシュートを投げていただろう。

荒木雅博にとっての「1番・荒木、2番・井端」

多くの試合で「1番・荒木雅博、2番・井端弘和」という打順で出場させてもらったが、一時は「1番・井端、2番・荒木」という打順を試《ため》されたこともあった。

しかし、私にとって、2番打者という役割はしっくりとこなかった。おそらく2番打者としての通算打率は、相当低かったはずだ。2番に入るといろいろと考えすぎて、結果、うまくいかないことが多かった。それに私にとって大事なことは、1番、2番という打順以上に、「次の打順に井端さんがいるかどうか」だったような気がしている。

1番という打順が私に合っていたわけでもないと思う。私の成績が良かったのは、次の打順に井端さんが控えているときだけだった。どこか不思議な安心感を持って打席に入り、初球からバンバン振っていけた。私の仕事は「勢い」だけだ。

だから、私の次の打順に入ることが多かった井端さんには、よく迷惑をかけた。「お前、ここで初球を打って凡打するか?」と言われてもおかしくない、ひどい初球打ちの凡退は何度もあった。今でも井端さんには申し訳ない思いでいっぱいだ。

ただ、私にはそれしかできなかった。後輩として、「井端さん、カバーしてください!」と、お願いするしかない状態だった。

攻撃面でも「アライバ」ともてはやされたが、実態としては、「私の技術のなさを井端さんにカバーしてもらう」というものだったように思う。もし井端さんが次の打順にいなければ、私のような選手が2000本もヒットを打てるはずがなかったのだ。

セ・リーグの1番打者の場合、9番を投手が打つことになる。「ピッチャーが一塁にいると、やりにくいのでは?」と言われることもあったが、私はやりにくさを感じたことはなかった。むしろ、ランナーがピッチャーのときは、意外と打率が高かった印象すら残っている。

逆に難しいのは、ピッチャーが凡打したあとの打席だ。

例えば、1アウトからピッチャーが際《きわ》どいショートゴロで2アウトになり、一塁方向から三塁側ベンチに走って帰ってきたとき。そうなると、私が打席に入って初球を打つわけにはいかない。少しでも体を休めるための時間を作ってあげたいので、打席に入るのをわざと遅くしたりもしていた。

私がまずかったのは、そこで初球に甘い真っ直ぐが来ても、確実に打ち返せるほどの自信と勇気がなかったこと。なぜなら、ヒットを打つことがいちばんの時間稼《かせ》ぎになるのに、できなかったからだ。そこは私の実力が足りなかったのかなと思う。

「7割は失敗できる」という割りきり

守備は、守備率10割がありうるだけに、エラーをしても「しょうがない」では許されない。だが、打撃の場合は、3割ヒットを打てば一流と呼ばれる世界だ。つまり、7割は失敗できる。その7割をどんな失敗にするかを、私は考えていた。

単なる失敗にするのではなく、チームのためになる失敗はなにか。無死、または一死二塁で初球からショートゴロを打った失敗と、セカンドゴロを打った失敗では、進塁打になったセカンドゴロのほうが価値は高い。打率は2割7～8分でいいから、残りの7割2～3分をどういう失敗にするか。そのことを常に考えていた。

とはいえ、本来なら相手投手に球数を多く投げさせたいところで、前述のように初球を打ってあっさりアウトというケースも少なくなかった。

その場合は、次の井端さんがいつも粘ってカバーしてくれた。ただし、そんなときはベンチに戻ってきてから険《けわ》しい表情をしていることが多かったが……。

このように、打撃に関してはできないことが多かったため、逆にあれこれ考えずにすんだという一面もあったと思う。

私自身、バッティングのことはあまり考えたくなかった。どうせ7割は失敗するのだ。考えるだけ徒労感が大きいような気がした。そもそも打率4割を狙えるかと言えば、そんな大それた技術などないのだ。捨てるところは捨てようと、バッティングは割りきることにした。その分、井端さんには負担をかけてしまい、自分の生きる道に走ってしまった。

井端さんは「それぞれの持ち味が生きた」とおっしゃってくれているそうだが、今となっては我《われ》ながら「もう少し、やりようがあったのではないか？」という気もしている。

あえて「飛ばない打ち方」で、進塁打に応用

私は長打力のある打者ではなかった。ときにはファウル打ち、右打ちとチームバッティングをしなければならない場面も出てくる。そんな私にとって、最大のお手本だったのが井端さんだ。いつも、井端さんを見ながら勉強していた。井端さんのファウルは、多くが一塁側に飛んでいた。バットをボールの内側に入れて、ヘッドを返さない。私はあそこまではできなかったが、途中から「こうやったら、ラクに打てるな」という感覚をつかんだ。とはいえ、そういった対処法も、まずは「真っ直ぐが打てる」という基本があってこそ。まず真っ直ぐが最低限打てなければ、先はないと感じている。

右打ち、進塁打に関しては、できたほうだと思う。「セカンドにボテボテのゴロを打てばいいんだろう」と、そんなに難しく考えずに打てていた。手首を返さずに、遅れてバットヘッドを出す。それだけだった。インコースに投げてもらえると、ものすごく打ちやすかった。手首を返さずにバットを出しやすいので、セカンドゴロは打ちやすかったのだ。むしろアウトコースに投げられると、バットを出す手が離れていくため、引っかけてしまうこともある。外角に逃げていく変化球に対して、手首が早めに返ってしまうこともある。だ

から、なるべく手首を返すことを我慢するように意識していた。

ただし、一、二塁間を破るようなヒットを打てと言われれば、それはできなかった。いろんな人から「きれいな右打ちをしていましたね」と言われるのだが、本人からすると、「そういうイメージがあるんだな……」と、意外に思うしかない。

それと、右打ちする際には、あえてスタンスをいつもより広めにすることを意識していた。そうすると、いつもより体が回りにくくなり、打球が右方向に行きやすくなるのだ。

私は現役時代、ホームランを33本しか打っていないが、打ったときはだいたい狭い歩幅でクルッと軸回転していた。だから、逆に「飛ばさない」ことを考えたら、歩幅を広くすればいいんじゃないかと考えたのだ。ただし、技術的にあまり難しく考えすぎても、いいことはない。足の上げ方をどうするかとか、トップをどう作って……などと、細かく考えないほうがいいと思っている。「遅れて打つ」。それくらい、シンプルな考え方で十分だった。

申し訳ないほど希薄《きはく》な、バットへのこだわり

バットにこだわりを持つ打者は多い。ミリ単位でグリップやバットの形状を調節し、重心をどこに置くか細部にわたって調整していくというのもよく聞く話だ。

だが、私はグラブほどバットへの思い入れ、こだわりは持っていなかった。極端なことを言ってしまえば、木製だろうが竹製だろうが、なんでも良かった。メーカー側に要望を出したことは、せいぜい芯《しん》のスポットを少しグリップ寄りに下げることくらい。詰まってもヒットゾーンに飛ばしたかったから、芯が先端寄りにあっても意味がないと考えたからだ。

よくバットの好みを表す際に、「トップバランス」「ミドルバランス」などと重心の位置が分類されるが、私はその違いすらもよくわかっていない。ただ、バットを持ったときの感触で、「もうちょっと芯が、こっちのほうがいい」と選ぶだけだった。

その一方で、バットもグラブ同様に「フィット感」を重視していた。井端さんのバットを借りて打席に入ったこともある。井端さんのバットは使いやすく、おそらく万人《ばんにん》受けする質感だろう。ただ、グリップエンドが「タイ・カップ型」と言われる、なだらかに太くなっていく形状で、そこだけは合わなかった。グリップエンドは、本当に様々なタイプがあるのだ。

バットを体に馴染《なじ》ませるためにやったことは、左手1本でバットを握ってボールを集める訓練だった。ピッチングマシンでひたすら真っ直ぐ打ちを練習していた時期、1ケース分のボールを打ち終わって、ボール拾いをする際に左手でバットを操作しながら、ボールを集めるようにしていたのだ。

リードする左手の使い方が重要だと感じており、バットと左手が体の一部となってつな

バットのバランスのイメージ

トップバランス

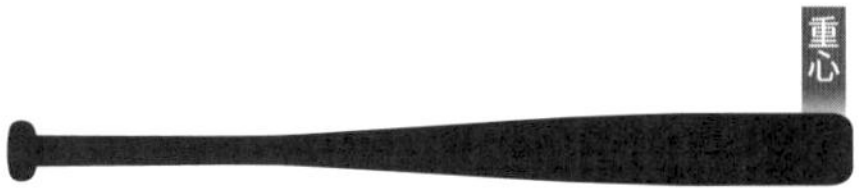

ミドルバランス

カウンターバランス

重心がバットの先端にいくほどパワーは出るが、扱いにくくなる。逆に、重心がグリップに近いほどバットコントロールがしやすくなる。トップバランスは長距離打者向き、ミドルバランスやカウンターバランスはアベレージタイプ向きだが、選手の好みもあるので一概《いちがい》には言えない。

グリップエンドの形状の違い

タイ・カップ型

メジャーリーグ通算4191安打のタイ・カッブが使用していた形状から、その名が定着している。グリップエンドがなだらかになっているのが特徴で、ミートタイプの打者向き。

フレアタイプ

グリップエンドが厚めに作られている、やや特殊な形をしたタイプ。この形状のバットを使用していた代表的な選手は、元巨人の高橋由伸《よしのぶ》。おもに中・長距離バッター向き。

スタンダードのタイプ

誰にでも使いやすい、一般的なグリップエンドの形。これをベースにしつつ、グリップの部分にテープを巻くなどして、各選手に合った形状にカスタマイズして使う場合も多い。

がるような感覚が欲しかった。なんてことはない訓練ではあるが、ただ漫然《まんぜん》とボールを拾うのではなく、自分のためになる拾い方をしてみようと工夫していたのだ。

苦手だったのに、歴代11位まで上り詰めたバント

ここまで攻撃編を読み進めてくれた賢明な読者であれば、すでにお察しいただいていることだろう。私はハッキリ言って、不器用な選手だった。

だから、バントなど、まったく得意ではなかった。1回でも失敗すると、自分の中で悪い方向に連鎖して、どんどん窮地《きゅうち》に追い込まれていった。

現役を引退して、改めて自分の通算成績を見てみると、犠打数が284（歴代11位）もあって、驚かされた。「俺、こんなに送ったの？」というのが、率直な感想だ。

それだけバントを失敗して、ランナーを送れなかったイメージばかりが頭にこびりついていたからだろう。私の感覚がおかしいのか。バントを失敗する原因は、もちろん技術がなかったことや、メンタル的な部分も大きい。マウンドのピッチャーからどのような軌道でホームベース付近までボールが来るか、そこへどうやってバットを差し出すか。しっかりとイメージができていなければ、バントは成功できないと私は考えている。

そして、これは強調しておきたいのだが、私のバントはずっと悪かったわけではないのだ。ものすごくいい感触があり、「バントのサインを出してほしい」と願った時期もあった。だが、そこで調子に乗ると、またダメになるという繰り返し。野球はなにをやっても、このサイクルになるんだなと痛感した。常に適度な緊張感を持ってやっていかないと、必ず痛い目に遭《あ》うのだ。

バントなどはとくに象徴的なチームプレーであり、失敗すると「俺のせいで……」と責任を感じて、自分を追い込んでしまう。そして、納得がいくまで練習する。

バントを失敗したら、ナゴヤドームであれば次の日ではなく、必ずその日のうちに練習していた。もちろん、誰かに強制されたわけではない。なにごとも、そうやって乗り越えてきた現役23年間だった。

打撃練習で毎日必ず同じことをする理由

試合前の打撃練習は、貴重な調整の時間だ。私が必ずやっていたのは、セカンドの頭上にライナーを打てるかということだった。

たとえ詰まってでも、セカンドの後ろに落とせるか。バッティングピッチャーのボールなら、どのコースでもその方向へ持っていけるように調整していた。ときにはショートの頭の上へもしっかりとライナーを打つのだが、基本的にはセカンドの頭上に打つことを重視する。ライナーの質にもこだわっていた。ボールに対して真正面からバットを入れると、打球が揺《ゆ》れてしまう。ボールに対して上からバットを入れて、回転がかかったライナーを打つことを意識していた。イメージとしては、スーッと伸びていくようなライナーだ。

毎日同じことをやってルーティンにしていかないと、その日の調子がわからない。「今日は、ここのコースはバットの出がいい」「ここは出が悪いな」と点検していくことで、試合での狙いを変えることもある。自分の体の状態、打撃の状態を確認するのが、この練習だ。とにかく毎日同じことを繰り返すことで、見えてくるものがある。

打撃練習からポンポンとホームランを放《ほう》り込む打者も多い中、私の打球は決して気持ちのいい質感ではないし、見ているほうもいい打ち方だとは思えないはずだ。

バッティング練習の最後のほうに、思いきりスイングすることもあるが、ボールを遠くに飛ばすことやホームランに対してこだわりはない。そもそも、このような打撃スタイルになったのも、「打球が飛ばないから」という理由があったからだ。

それでも、若いうちはまだ「飛ばしたい」という欲もあって、打球の角度を考えることもあったが、「私の生きる道は違う」と思うようになった。

自分の働き場所をどうやって見つけるのか？

プロ野球選手なら、アマチュア時代からホームランを量産していても珍しくない。だが、私は熊本工業高校時代でも、打球は飛んでいなかった。どうやったら遠くへ飛ぶのかもわからないレベルだったので、プロに入ったら、全員がすごい選手に見えた。

そして、今の選手を見ていると、当時以上の迫力に思える。みんな打球をよく飛ばせるし、私にはなかった能力を持っていると感じる。ただし、最近は打つことだけでレギュラーを獲《と》ろうとする選手が多いようで、その点は少し、もったいなく映る。

野球は1番から9番まで打順があって、それぞれに役割がある。自分がチームのどのピースにハマるかを考え、そこに合わせていくための練習もあるはずだ。もちろん、飛ばせる能力がある選手は、それに合った練習をすればいい。ただ、みんなが飛ばす役割になれるかといったら、そうではない。「自分はここだ」と生きる道を見つけられれば、当然、試合で使われる機会は増える。その道を早く見つけられるかで、野球人生は左右される。

また、打球が飛ばない私でも、状況によっては長打を狙って打席に入ることもあった。だが、私の場合は100％に近い確率で失敗していた。変に力《りき》んでしまい、かえって打球が飛ばなかったのだろう。己《おのれ》を知ることは大事だと思う。自分を知ってこそ、自分の力を発揮できる。足が遅くてもホームランを打てれば試合に出られるし、ホームランを打てなくてもヒットを打てたり、足が速かったりすれば、試合に出られる。だから、野球は誰にでもできるスポーツなのだ。

自分の持ち場、役割をしっかりと果たすことで、監督、コーチが使いやすくなる。私の場合は、そのことにプロに入って早い段階で気づけたのは幸運だった。

数多くの打撃理論と打撃指導者の役割

打撃には幾多《いくた》の理論があり、様々な教え方をする指導者がいる。どの理論が正しく、どのスタイルが間違っている、というものはないと思う。「打撃に正解はない」が私の考え方である。感覚的な部分も大きく、どうしても個人差が出てしまうものだ。

私はいろんなコーチに教わってきたが、現役を終えてみて感じるのは、みな目指す方向は一緒ということ。目標とする山の頂上は同じでも、登り方が違う。いろんなルートから、それぞれのやり方で頂上を目指していくイメージだ。

だから、自分に合った登山口の指導者に早く出会えた人が、プロで成功している。私は

2020年時点では、内野守備・走塁担当コーチだが、もし打撃コーチをやるなら、投手コーチだろうが、外野守備コーチだろうが、誰でもいいから、打撃も教えてやってほしいと言うだろう。選手個々が自分に合う方法論やスタイルを早く見つけるには、選択肢《せんたくし》が多いほうがいいからだ。いろんな登り方を知る中で選手と会話をして、考え方を整理してやって、頂上に登っていく。そんなやり方が理想だと私は思う。

チームに1つの教え方しかないと、その理論に合う人しか伸びない。「これをやったら、絶対に打てるようになる」という万能薬はないのだ。

ただし、万人に共通の「ダメなバッティング」や注意ポイントはある。例えば、「下からバットを振るな」とか、「上からバットを入れすぎるな」とか、そんな単純なことだ。打撃コーチの仕事は、「これだけはやってくれるな」というNGを教えることなのかもしれない。

名打撃コーチと言われるような人は、失敗をいっぱい知っている人だと、私は思う。「こうやったら、こう失敗する」という引き出しをたくさん持っていれば、選手の失敗を減らすことにつながる。失敗が減れば、必然的に成功が増えていくのだから。

そして、打てているときはなにも触《さわ》らないこと。私の現役時代には、好調になって打ち始めると寄ってくるコーチもいたが……。打てるときは、なにをやっても打てるもの。指導者は、選手が打てなくなって悩み始めたら、「どうした？」と寄っていくほうがいい。

「走塁」は重要でも、「盗塁」は効果的ではない

続いて、足を使った攻撃についても書いていこう。

野球は打つ、守るということを重視しがちで、走塁はどこかないがしろにされている印象がある。プロの走塁コーチとして声を大にして言いたいのは、「足が速いから走塁がうまい、足が遅いから走塁がへた」ではいけないということだ。

野球というスポーツは、無死一塁から送りバントを繰り返しても、1点も入らないようにできている。1つのアウトで2つの塁を奪わなければ、得点は奪えないのだ。だから、ランナー一塁でライト前ヒットが出て、本当なら三塁まで行けたのに、二塁止まりだった。そんな野球をしていては勝てないと、私は厳しく指導している。

ただし、盗塁に関してはイメージほど効果的な作戦ではないと思う。私自身の存在価値を否定するかのように感じられるかもしれないが、盗塁は失敗のリスクが大きすぎるからだ。

私がこれまで、盗塁を成功して劇的に流れが良くなったケースはあまり記憶にない。逆に、失敗して絶望的に流れが悪くなったケースはたくさんあった。これは井端さんとも話したことがあるが、無死一塁の場面で盗塁に効果があるとすれば、初球に成功できたとき

だけではないか。それ以外は、打者にも負担がかかるだけで、さほど効果はないと思う。

三盗に関しては、ほとんどやっていなかった。得意ではなかったし、失敗することはやらないほうがいいからだ。

また、二塁ランナーがリードする位置ほど、打者の目に映る場所はない。この場所でスタートの機会をうかがったり、チョロチョロと動いたりしていたら、打者の集中力を削《そ》いでしまう。１００％、この場面は絶対に走れると判断できたときだけ走るようにしていた。

盗塁ができないことは、仕方がない。しかし、走塁を磨くことは、チームとして徹底すべき。それが、私の基本的な考え方だ。

「荒木流」スタートの切り方は、「右足のつっかえ棒を外す」

私は23年間の現役生活で、通算３７８盗塁（歴代11位）を記録させてもらった。

スピードにかけては、幼少期から自信があった。小学生のときは近所に野球チームがなく、サッカーをやっていた。攻撃的なポジションにつき、得点もけっこう取れていた記憶がある。足が速い分、ボールに素早く追いつけたのは有利だった。それなりに楽しかったし、毎日体を動かしていたことは、今にして振り返れば、プラスに働いたと思う。

ところが、プロでは、50メートル走のタイムは速いけど、盗塁はできないという選手ばかりだった。なぜ、足は速いのに盗塁ができない選手が生まれるのか。その理由がわかれば、もっといい指導ができるのだろうなと思う。私自身、頭が痛いところだ。

結局は、自分自身の研究次第なのだろう。「こういう形がいいよ」と情報を与えても、盗塁のスタートはそれぞれに合ったスタイルが必ずある。スタートの瞬間の感覚、見るべき目標物。研究してそれらを見いだし、身につけられれば、当然、スタートは速くなる。

あくまで「私の場合」ということを大前提として、「荒木流」のスタート方法をお伝えしよう。

私は基本的に、「100%、一塁に戻る」ことを考えてリードしていた。いつでも帰塁することを意識しながら、スタートを切る際は右足を一瞬、わずか後ろに引く。そうすると、頭が二塁側に倒れて、結果的にスタートが切れる。右足をつっかえ棒にして、それが取れれば自動的にスタートになるというわけだ。意識のうえでは帰塁前提のため、牽制球《けんせいきゅう》で刺されることはほとんどなかった。表現が難しいが、「体は100%、二塁に走る気でいる。頭は100%、一塁に戻るつもりでいる」という感じ。おわかりいただけるだろうか。

これは自分自身でやり方を見つけなければ、本当の意味で体得はできない。もし私と同じような考え方、感覚の持ち主がいれば、この方法を教えればどんどんうまくなるだろう。だが、体格も筋力も骨格も違う他人と感覚がバッチリ合うことは、まれなはずだ。

帰塁することを意識しながら、右足を引いてスタートを切る。そのスタイルで、盗塁を量産した。

そんな人間に私のやり方を無理やりやらせても、むしろ惑《まど》わせてしまう危険すらある。だから、私のやり方を強制は絶対にしない。あくまで、1つの方法論として頭に入れてもらいたい。その手法は必ずしも正解ではないし、ましてや教科書でもなんでもない。

走塁コーチとして言ってはいけないことなのかもしれないが、盗塁は一から十まで教えられることではない。ピッチャーの見方やスタートの練習法は教えられるが、前述したように、最後は自分の感覚と研究心があるかどうかに行き着く。

例えば、ウォーミングアップでダッシュをする際、私は選手に「なぜ、いつも同じスタートのやり方をするのか」と聞くことがある。

左足をちょっと曲げてみるとか、右足に体重をかけてみるとか、体勢をいろいろと変えてみたら、自分なりに動きやすいスタート姿勢が見つかるかもしれない。そういうところで自分の動かし方をマスターしていった人間が、盗塁できるようになると思うのだ。

投手のクセの見抜き方と、「雰囲気」の判別法

自分なりのスタート方法を編《あ》み出したと言っても、ハッキリ言って私は盗塁に対して絶対的な自信があるわけではなかった。それでも、スタートを切る、盗塁を成功させるには、

根拠が必要である。その1つが、「投手のクセ」を見抜くことだった。

クセが出やすい傾向があるのは、大きな動きをするピッチャーだ。とくに、外国人や体の大きなピッチャー。セットポジションに入るときや、足を上げるとき、アクションが大きなピッチャーほど、本塁に投げるときと牽制球を投げるときの違いがわかりやすかった。逆に、小さな動きでセットに入られてしまうと、違いがわかりにくい。

また、牽制球は入れてもらったほうが、むしろ走りやすい。ちょこちょこと牽制が来ると、「また来た」と、こちらも心の準備がしやすいからだ。まったく牽制球を投げてこないピッチャーほど走りにくいものはない。いつ来るか、いつ来るか……と待っていると、逆にドキドキしてくる。不気味《ぶきみ》で怖《こわ》くなるのだ。

その間合いがうまいピッチャーこそ、究極にスタートが切りづらいと言えるだろう。最近で言えば吉田輝星《こうせい》（北海道日本ハム）を初めてフェニックスリーグで見た際、「間《ま》のとり方がうまいな」と感じた。ボール自体ももちろんいいのだが、ランナーを置いたあとの間のとり方や牽制球の入れ方は非凡なものを感じた。もし、私がランナーだったら、嫌《いや》だなと感じたに違いない。ただし、1年もすれば、攻略してやろうと思っているが。

現役時代にピッチャーのクセの見抜き方を教えてくださったのは、中日のコーチを務めていた長嶋清幸《きよゆき》さん（元広島、中日など）や高代延博さんだった。最初からなんでも、自分の力でクセを見抜けたと思ったら大間違い。いろいろな人から吸収させてもらったからこそ、今の自分がいるという思いは強い。

このピッチャーは絶対に走れないと思ったのは、巨人時代の内海哲也《うつみてつや》（現埼玉西武）だ。セットポジションに入る動きも、投げ出すタイミングもわからなかった。牽制球も速いし、ほかの選手も含めて、ほとんど走られていないのではないか。

逆にクイックモーションが速くて有名な久保康友（元千葉ロッテ・横浜DeNAなど。19年は、メキシカンリーグのブラボス・デ・レオーン＝英名レオン・ブラボーズに在籍）のほうが、むしろ走っていた。クイックモーションのタイムだけなら久保がいちばん速かったのだが、彼の場合はクセというよりも、雰囲気が判断材料になった。

「あぁ、これホームに投げるな」

そう察知できれば、セットポジションに入って動き始める前でもスタートを切れていたことさえある。このように、ピッチャーによっては、雰囲気でわかるときがあるのだ。ただし、「雰囲気」ですませると、コーチ失格だなと自己嫌悪に陥《おちい》る。とはいえ、言葉にするなら「直感」でしかない。その直感は自分の経験値であり、知らず知らずのうちに積み上げられたもので、プレー中にこれまでに見た景色との微妙な違いを無意識にすり合わせて、「これはホーム」「この動きなら牽制」と感じるのだと思う。つまり、経験に裏づけられたものが「雰囲気」になるということ。「このときは、こうだった」という過去のプレーの集積が、頭のどこかに残っているのだろう。だからこそ、経験は大事なのだ。

私は打撃と守備、走塁は苦労してやってきていて、積み重ねもある。選手の失敗やうまくいかないところに共感もできる。だが、盗塁は、私自身、そこまで掘り下げてこなかった。自慢げに聞こえてしまったら恐縮だが、「できちゃった」のだ。だから、走塁技術に関してはアドバイスできても、盗塁技術に関して感覚で指導すると、選手を惑わせてしまう危険がある。そのため、盗塁について、へたな口出しはしないように心がけている。

とくに若い選手にとっては、コーチのひと言は重いものだ。なまじ私は現役時代に数字を残してしまっただけに、変に気にされてしまう。そのことはコーチとして重く考えながら、指導しているつもりだ。

実は、試合終盤にはほとんど盗塁していない

盗塁に関しては、基本的にベンチからのサインではなかった。私が「行ける」と思ったら走っていい、通称「グリーンライト」と呼ばれる状態だった。

とくに落合博満監督の時代は、試合序盤は基本的にノーサインの場合が多く、私と井端

さんのあいだで勝手にヒットエンドランをするなど、自由にやらせてもらっていた。試合終盤になるとベンチからサインが出るようになるが、基本的に盗塁はなかった。

これは今だから言えることだが、「荒木は走る」というイメージがほかのセ・リーグ5球団に浸透していても、実際に8回、9回の終盤に盗塁することはほとんどなかった。

でも、まわりは「こいつは走る」という目で見て、バッテリーは警戒してくれる。だから、イメージは大事だなと感じていた。もし現役時代に、インタビューなどで「自分は終盤に走っていない」と言ったら、自分の生きる道を1つ潰《つぶ》してしまうことになる。だから、「8回だろうが9回だろうが、どんどん行きますよ」と、強がっていた。実際には、そんなところで走れるほど根性は据《す》わっていなかったというのが真実だ。こうやって試合終盤に盗塁しなくてもゲームメイクできていたことも、当時の中日の強さを表す一端《いったん》と言える。

前述したように、盗塁に失敗すれば、流れが絶望的に悪くなる。試合終盤に走って失敗すれば、取り返しのつかない状況に追い込まれる危険すらあるのだ。

そんな状況でも盗塁をしていたのが、鈴木尚広《たかひろ》（元巨人）だ。彼は1学年後輩ながら、「ここで走れるのか。お前、すごいな」と思っていた。

鈴木は代走として走るために出てきて、相手も走るとわかって警戒しているのに、そこで走ってセーフになる。彼の盗塁こそ、本当の盗塁だろう。相手にダメージを与える、効果的な盗塁。私はそんな緊迫した場面での盗塁はほとんどしていない。

2013年のWBC（ワールド・ベースボール・クラシック）では、チャイニーズタイペイ（台湾）戦で鳥谷敬《とりたにたかし》（当時、阪神。現千葉ロッテ）が1点ビハインドの9回二死から単独スチールに成功して、続く井端さんのタイムリーヒットで同点に追いつく場面があった。私からすれば、あんな試合の極限の場面で走ることなど考えられない。率直《そっちょく》に、「尊敬しちゃうな」というのが本音だ。とはいえ、たとえ盗塁できなくてもピッチャーが警戒してくれれば、それだけで十分とも言える。ランナーとしての仕事は果たせているのだ。

現役プロ野球選手なら、19年に25盗塁を記録してブレイクした周東佑京《しゅうとううきょう》（福岡ソフトバンク）も、鈴木に近い存在になりうると見ている。

彼も走塁技術のある選手だなと感じる。塁上にいて、ワンバウンド投球の際の反応を見ても、すごく速い。いずれ、コーチとして一緒にやってみたいなと思わせる選手だ。

今だから言える、スチールする直前に見せたクセ

先ほども触れたが、試合序盤は「グリーンライト」だったため、盗塁するか否《いな》かは、私の判断に委《ゆだ》ねられていた。

私が走る場合は、ほとんど井端さんの打席中である。年数を重ねるごとに、井端さんは

「荒木が走るときは、顔を見ればわかる」と言っていたそうだ。

私からすると、「走るから待ってください」と井端さんに顔で訴《うった》えかけていたわけではなかった。そんなわかりやすく訴えかければ、当然、相手バッテリーにも悟られてしまうからだ。おそらく井端さんにしかわからない形で伝わったのだろうと思う。長いあいだ一緒にやらせてもらったからこそ伝わる雰囲気が、本当に出ていたのだろう。私がクイックモーションのうまい久保の「ホームに投げる雰囲気」を察知したのと同じように、井端さんも毎日私を見続ける中で、察知できるセンサーが研《と》ぎ澄まされたのかもしれない。だから私は、若い選手にいつもこう言うようにしている。同じことを毎日、何回も何回もやり続けたほうがいい。そうすれば、違いに気づけるようになるからと。逆に言うと、やり続けなければ、なにも見えてこないのだ。

また、井端さんは「荒木が盗塁できるな」と思ったら、1球目、2球目と、ストライクでも振らずに待ってくれていた。私としては待ってもらうのが心苦しいから、なるべく初球に走ることを心がけていた。

井端さんではない若い選手が2番に入った試合で、せっかくいい盗塁のスタートを切れたのに、打者がファウルを打ってしまうこともあった。だが、それは仕方がないこと。私が井

端さんにカバーしてもらった分、今度は私が若い選手をカバーしなければいけないのだから。

これは井端さんにも言っていないことだが、私が盗塁する際にはあるクセがあった。盗塁のスタートが切れそうだと判断した際は、サインを見るときにズボンの裾《すそ》やソックスを触って左ヒザに入れていたパッドの位置を直していたのだ。当時、スライディングしたときにケガをすることが続いたため、私はヒザにパッドを入れていた。その部分を、このタイミングで触った場合は100％、走っていた。

どうでもいいときは触らないので、なぜ、みんな気づかなかったのかな……と思ってしまうのだが。サインを見る際の仕草なので、もちろん、味方の井端さんが気づくはずもない。

アライバの攻撃連係！　あえて外野手に投げさせ、「一、三塁」を作る技術

守備での連係ばかりがクローズアップされていたが、攻撃面でもアライバによる連係プレーはよくあった。とくに私が一塁走者の場面で井端さんがヒットを打ったあと、私が無理やり三塁に行くケースが多かった。ライト前ヒットはもちろん、ときにはレフト前ヒットでも三塁に行くことがあった。

ギリギリのタイミングで三塁に行くと、やはり外野手は三塁に投げてくる。だから、バ

ッターランナーの井端さんはその隙《すき》を見て二塁に進める。そういうソツのなさが、当時の中日にはあったと思う。三塁にスライディングしてセーフになり、一塁ではなく二塁を見たら、井端さんが走り込んでいて、「やっぱり来ているよね」と思うことが日常的にあった。

絶対にセーフになる自信があるときに、あえて三塁へ進むスピードを落としてギリギリのタイミングになるよう細工をしたこともある。わざと外野手に投げさせるためで走塁における一種のフェイクプレーだ。

緩《ゆる》めるというよりは、全力で走っているように見せかけて少しずつスピードを遅くしている感じである。あくまで「絶対セーフになる」という感覚の範囲内だから、間違ってもアウトになることはない。

また、外野手が投げる寸前まで、「こいつ、アウトにできそうだな」と思う場所にいればいいのだ。投げる瞬間にスピードを上げてしまえば、絶対にセーフになる。

このあえてスピードダウンする走塁に関しては、プロ2年目に外野手をやった経験が生きた。私が外野手の送球を引き出したうえで三塁に到達すれば、井端さん、福留孝介、森野将彦は、みんなついてきてくれていた。

でも、井端さんや福留が移籍して、いなくなったあとは、「よし、決まった」と思って二塁を見たら、誰もついてきていないことが増えた。それは私にとって寂《さび》しいことだった。

井端さんとはノーサインでヒットエンドランを決めて、無死一、三塁の場面を作ることも多かった。一、三塁になってしまえば、我々ランナーが特別に動くことはない。クリーンアップの仕事を邪魔《じゃま》することはないからだ。

私としては、「あとは、あなたたちが給料をもらうところですから」という感覚だった。とくに4番打者の前でチョロチョロする必要はまったくない。それは4番打者をバカにしていることと一緒である。

ランナーとしては「行くぞ、行くぞ」と見せかけてバッテリーからストレートを引き出して、それを中軸に打ってもらうのがいちばんなのだ。

「アグレッシブ」の裏にあった消極的思考

自分の様々な技術を整理する中で気づいたことだが、私はなにごとにも自分の逃げ道を1つは作っている。盗塁で言えば、常に帰塁を頭に入れていたこと。打撃で言えば、真っ直ぐを打てなければ仕方ないと割りきっていたこと。

想定外をなくすため、うまくいかなかったときの保険をかけていたのだなと感じる。現役時代には意識していなかったことだが、走攻守すべてにおいて、私はそうしていた。

結局、私は弱い人間だということだ。もちろん、野球の怖さを知ったからこそ、長くプレーできたと言えるのかもしれないが。

ただ、私もレギュラーに定着したてのころは、軽率《けいそつ》にやっていた。盗塁にしても、スタートを切ったら、なにを考えなくてもセーフになった時期でもあったのだ。

しかし、それから大きなミスをたびたび犯して怖《こわ》さを知り、野球について考え、再度築き上げていく。その繰り返しだった。若い時分の失敗が、糧《かて》となったのだ。

人間は年齢とともに体は老いていく。現役晩年は足も衰《おとろ》え、全盛期のスピードは失われていた。それでも、配球を考えて、変化球のときしか走らないようにしていた。

いかにして走攻守で失敗を減らしていくか、という発想が根底にあったのだろう。成功をおさめようとどれだけ頑張《がんば》っても、なかなかうまくいかない若い選手が多いという厳しい現実はある。だったら逆に、「失敗の逆は成功だ」という発想の転換をしたほうが、結果的に成功に近づけると私は考えている。

荒木雅博というプレーヤーは、一般的に「アグレッシブな選手」と認知されているかもしれない。だが、その背景には、「失敗を回避しよう」という消極性が、絶えず渦巻いていた。逆に言うと、そんな思考が常に頭にあったからこそ、アグレッシブに行けたのだろう。野球とは、それほど深い競技なのだ。

ARAIBA

井端弘和の打撃・走塁論
～2番打者の仕事、右打ち、バント、エンドラン～

「井端流」タイミングのとり方は、「投手と同じ動きをする」

ここでは、私の攻撃面に関する考え方を述べていこうと思う。

打撃については、ホームランバッターからつなぎ役まで様々な働きどころがあるだけに、ひとくくりにして論じることが難しい。一概《いちがい》に「こうすれば打てる」というものではなく、選手のタイプによって異なるのだ。

まず大切なのは、「自分がチームの中でどうやって生きていくか?」を考えることではないかと思う。遠くまで打球を飛ばせる素養のある人は、さらに飛距離を伸ばす、長打の確率を高めるなど、どんどん長所を強化していけばいい。一方、そこまで打撃が得意ではない人は、自分の持ち味を1つでも作っていくしかない。まずは打席で戦える武器を見つけながら、徐々に打てるようになっていけばいい。

つまり、自分という打者の特性を把握《はあく》するところから始めるといいだろう。

私は18年間の現役生活で通算1912本の安打を放《はな》つことができた。とはいえ、打撃コーチを務めたことはないため、選手に突っ込んだ指導はしたことがない。たまに選手から相談を受ける際は、私なりに考えを伝えさせてもらうこともあったが、あくまで参考としてとらえてもらった。プレーするのは選手自身なのだ。

私自身の話をさせてもらうと、タイミングのとり方に関しては、プロに入って2～3年あたりで、つかんだものがあり、それ以降は少しずつ打てるようになった経験がある。プロ入りしてしばらくは、「打てるときは打てるが、打てないときは打てない」という感覚で、好不調の波があった。タイミングのとり方があいまいで、なかなか安定して結果を残せなかったのだ。その肝《きも》となるのが、「ピッチャーと自分が同じ動きをする」というイメージだった。

私は左足を高く上げてボールを待つ打撃フォームで、私が足を上げたときにピッチャーの足も上がっているように調整する。ピッチャーがホーム方向に体重移動するのに合わせて、私も前へステップしていく。

左足が地面に着地し、グリップが体から最も遠ざかった状態を「トップ」と言う。トップの状態でピッチャーの動きがどこにあるか。ここで合わなければ、130キロだろうが150キロだろうがまったく打てない。「ピッチャーと自分が同じ動きをする」というイメージを持つようになってから、自分の形が安定して作れるようになった。

中にはクイックモーションでタイミングを外してくるピッチャーもいるが、それは二の次、三の次。あくまで、根本的なタイミングのとり方をどうするかが重要なのだ。

正直に言って、学生時代はタイミングのとり方が大事ということはよくわかっていなかった。結果的にタイミングが合ったということはあっても、自分で能動的にタイミングを合わせるだけの技術も思考も持っていなかったのだ。

プロ野球では本格派から技巧派まで、様々なタイプのピッチャーと対戦する。その中で、どのピッチャーに対してもある程度対応できるボールの待ち方ができなければ、勝負できない。逆に言えば、どんなピッチャーに対してもタイミングがとれると思えるようになってから、結果が出るようになっていった。

まったく好みではなかった「タイ・カップ型」のバット

グラブに関しては自分なりのこだわりが強いのだが、バットに関してはさほど好みがあったわけではない。基本的にオーソドックスなバットを使っていた。特徴があるとすれば、「タイ・カップ型」という、グリップがなだらかに太くなっているタイプのものだった。

だが、これもタイ・カップ型のグリップにしたくてしたわけではない。ハッキリ言って、全然好みではなかった。

なぜそのグリップにしたかというと、若手時代に左手首を痛めたからだ。一軍の試合に出始めたころに痛めて、どうしようと思っていたら「タイ・カップ型なら、そんなに痛くない」という話を耳にした。それからグリップエンドが太いバットを使うようになった。

それまではグリップもノーマルなものを使っていて、何度か普通のグリップに戻そうとした時期もあった。だが、春季キャンプ序盤は問題なくても、終盤くらいになると決まって手首に違和感が出るようになる。そのたびにタイ・カップ型に戻していたのだった。

3～4年に1回はグリップを戻そうとしていた記憶がある。だが、なかなか思うようにはいかず、手首の保護のため、仕方なく太いグリップのバットを使っていたという実感が強い。確かに、タイ・カップ型なら手首に痛みは出ないのだ。

2007年から2年間、強打者の中村紀洋《のりひろ》さん（元近鉄バファローズ、東北楽天、横浜DeNAなど）が中日に所属したが、中村さんも手首を痛めた経験があり、太いグリップのバットを使っていた。中村さんの場合はグリップにさらにテーピングを巻いて、太くしていた。私には、その発想はなかった。

あとは、芯《しん》の位置とバランスだ。このあたりは実際にメーカーのバット工場へ行ってみて、いろいろな人のバットを握ったり、振ったりして自分にとって最も相性のいいバットをさがしたこともあった。長く使っているバットがいいと思っていても、実際にほかのバットを振ってみると、それぞれに微妙な違いがあることがわかるものだ。

重さは920グラムと、ほかの選手よりも若干《じゃっかん》重いバットを使っていた。近年はスイングスピードを重視する傾向があり、どんどんバットの軽量化が進んでいるが、私はバットの重量が変わるのは感覚的に嫌《いや》だった。

どのバットを選べば正解というものはない。自分の体の特性や感触が合うバットをさがしてみるのがいいだろう。

お家芸の右打ち&ファウル打ちの極意

井端弘和という打者に、右打ち、ファウル打ちのイメージをいだいてくださるファンも多いようだ。ただし、本音を言えば、右打ちも好き好んでやっていたわけではない。

プロに入った時点である程度はできており、自分が生き抜くために遮二無二《しゃにむに》習得した技術というわけでもない。一軍の試合に出るようになり、打席数を重ねる中で自然と、右打ち、ファウル打ちのイメージが定着していったのだろう。

普通の打ち方と右打ちとでは、ポイントが若干違っていた。真ん中のミートポイントを基準に考えると、普通に打ちにいくときはインコースなら若干早め（投手寄り）で、アウトコースは若干遅め（捕手寄り）というイメージだ。

しかし、右に打つ際は、五角形のホームベースの投手側の辺（横線）に対して、ミートポイントがほぼ平行になるイメージだった。インコースならわずかに遅らせ気味に、アウトコースなら少し早めにする。

インコースは若干詰まっても、怖《こわ》さはなくセンターからライト方向に打てた。むしろアウトコースのポイントが後ろに入りすぎて、前に飛ばないことのほうが嫌だった。だから、ポイントが平行に保たれているほうが、アウトコースもライトに打てるし、インコースもライト、真ん中もライトに打てる。このスタイルが私にとって合っていた。

そして、意識していたのは、バットのヘッドをギリギリまで返さないこと。インパクトの瞬間まで来て、ヘッドを返すくらいのイメージでいた。アウトコースのボールに対してドアスイング気味に外回りして入っていくと、ヘッドが返ってしまいやすいので、その点も注意していた。

ファウルを打つには、コースに応じてポイントを前後にほんの少しズラせば、自然とファウルになる。基本的に、ホームベースの横線に対して平行というポイントのイメージを

「井端流」右打ちのミートポイントの違い

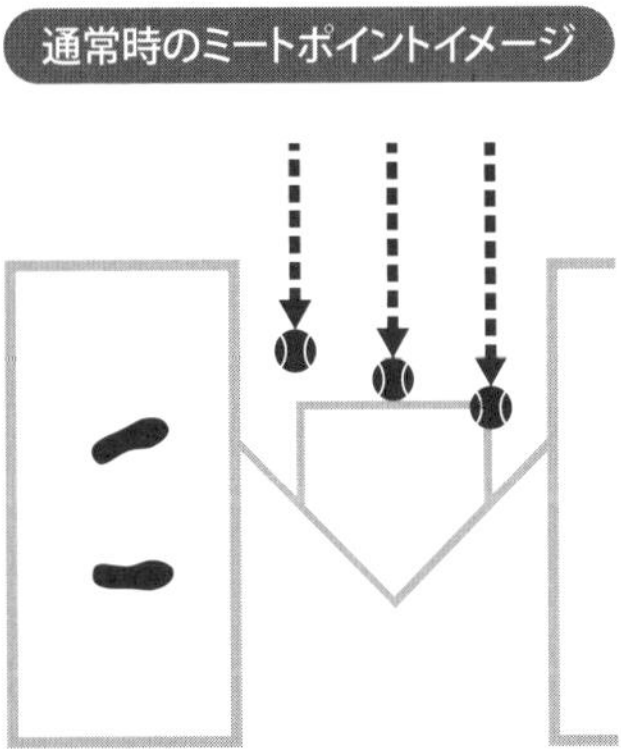

とくに打球方向へのこだわりを持たないケースでは、インコースは早め、アウトコースは遅めのタイミングにミートポイントを置けば、自然とコースに逆らわない打撃となる。

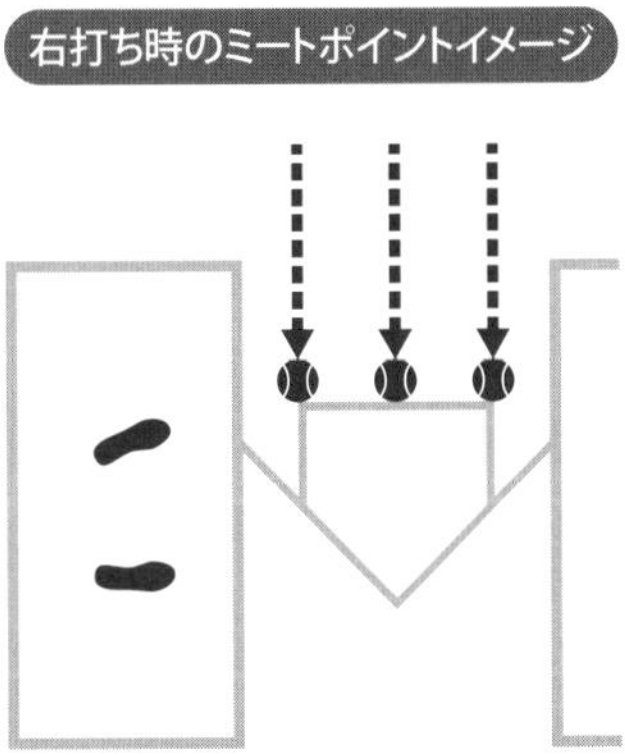

右打ちの場合のミートポイントは、ホームベースに対してフラットなイメージを持ちつつ、インコースは若干遅め、アウトコースは若干早めを意識したスイングで対応する。

国内での試合だけでなく、「侍ジャパン」でもシュアな右打ちを繰り出し、チームに貢献した。

持ち、ヘッドを返すことを遅らせる意識だ。あとは、ヒットエンドランや進塁打など、用途に応じて使い分けていたが、それは後述したい。

送りバントのコツは、「右手でボールを捕る」

プロで2番打者を務めることが多かった私は、送りバントもたびたび行っていた。送りバントに関しては、学生時代から自信を持っていた。

私の中で、バントを成功させるコツは「右手でボールを捕る」イメージだった。守備中に打球をグラブで捕る感覚と同じようなものだ。「右投げ右打ち」の打者の場合、守備中は左手、バントなら右手に変わるだけのこと。

バント練習では、よく右手だけでバットを握って練習し、バットとボールが当たる部分でボールを捕る感覚を養っていた。バットをギュッと握りしめると操作しにくいため、ほど良く力を抜くこと。あとは、右打者の場合は左脇をあけずに締める意識を持つといい。

また、バットを操作する範囲は肩幅の中におさめていた。右打者の場合、バットを引きながら一塁側に転《ころ》がす選手もいるが、肩幅を超える範囲で引きすぎるとうまく扱えないものだ。あとは、方向を意識しすぎずに、自然体で転がすことがポイントになる。

このようにバントには自信があったのだが、ベテランになっていくとバントのサインが減っていった。高木守道さんが監督に就任した12年以降はクリーンアップとして起用された時期もあり、ほとんどバントをしなくなった。

そして年間の犠打数が10を切るようになると、どんどんバントがへたになっていった。試合でバントする回数が減ると練習量も減り、練習していても身が入らなくなる。

高木さんはバントがあまり好きではなかったようで、「ここはバントかな」という状況で打席に入っても、バントのサインが出ることは少なかった。そういうこともあり、バントに対する自信が揺《ゆ》らいでしまった。たまにバントのサインが出ると、「あれ、どうやってやっていたっけ?」と不安を覚えてしまうのだ。

現代のプロ野球ではバッティングに意識が向いている選手が多い印象がある。バントの重要性が薄れているからか、バント練習をしっかりやらずに実戦で失敗するケースも目立つ。バントはピッチングマシン相手に練習しても、限界がある。結局は生身のピッチャー相手で成功できるか。ピッチングマシンよりも実際のピッチャーのほうがバントをやりづらいし、厄介《やっかい》なのだ。

私は毎年、オープン戦に入ると、たとえサインが出ていなくても勝手にバントをしていた。まずはそこをクリアしないと、開幕を迎えるにあたって不安だったのだ。バントを成

バントは、ほど良く力を抜いて、左脇を締めながら構え、右手でボールを捕るイメージで行う。

功してから、本格的に打つ調整をしていくという認識だった。バントを1回でも成功させておけば、感覚や投手との間合いが合ってさえいれば、不安なく実戦に入っていけるという体感があった。チームプレーに不安があると、実戦で余裕を持ってプレーすることはできない。

荒木との阿吽《あうん》の呼吸で決めたヒットエンドラン

基本的に中日では、試合序盤はベンチからあまりサインが出ず、選手に任されていた。サインが出ないときは、打っていいということ。逆に序盤からバントのサインが出るということは「今日は1点勝負」というふうに踏んでいた。そのあたりは試合前から両チームの先発投手の顔ぶれを見て、「今日は早めにバントのサインが出るな」と予測していた。

試合序盤からヒットエンドランのサインが出ることは、あまりなかった。2番打者の私と、1番・荒木雅博のあいだで勝手にやっている感じだった。誰とでもやっていたわけではない。ヒットエンドランのいちばんの効果は、ビッグチャンスを作りやすいこと。ランナーをバントで進めたって、ビッグチャンスにはならず、取れても1点しかない。

それよりも、ヒットエンドランが成功すれば、ランナーが2人出る。しかも、一、三塁か、二、三塁の状況を作れたほうが、2点、3点、4点……と得点が入る可能性は高くなる。

どんな投手も立ち上がりには多少の不安はあるものだから、ヒットエンドランのような奇襲は序盤のほうがやりやすかった。選手間でサインを出し合っていたかというと、記憶があいまいで正確には覚えていない。確か、「ホームベースをバットの先で2、3回叩《たた》いたら、エンドラン」と言っていたような記憶もある。

ただし、詳しくは後述するが、荒木がスタートするときはだいたいわかっていた。だから、荒木が走るタイミングで「打っちゃおうかな」ということもあった。それはノーサインのランエンドヒットだった。だが、「変化球なら、振らないぞ」と、荒木には伝えていた。その場合は、荒木が盗塁を成功させてくれと。もしストレート（盗塁阻止のためのピッチアウトを含む）であれば、多少のボール球でも打ちにいって援護するが、変化球であれば、荒木の足ならセーフになる。それくらい荒木の足を信頼していた。荒木に二塁に進んでもらってからのほうが、私は進塁打を打ちやすかったし、より得点に結びつく可能性が高まる。さらに変化球を見逃した直後はストレートが来やすいという読みもあった。

逆にストレートが来てヒットエンドランに成功すれば、次に走者一塁の場面を迎えたときに私の打席で相手バッテリーがヒットエンドランを警戒して、変化球で入ってくる可能性が高くなる。そうなると今度は、荒木の盗塁が成功する確率が高くなる。こうやってバッテリーとの駆け引きを優位に進めていけば、主導権を握れるのだ。

ヒットエンドランと言えば、打者は右方向に打つのがセオリーと思われがちだ。だが、私たちがノーサインでヒットエンドランをやる場合は、打球方向は考えていなかった。あくまで、頭の中で描く8割は、「ヒット狙《ねら》い」だ。

ライト方向に飛ぶこともあれば、レフト前に引っ張ることもある。ただし、センター前だけは避けようと考えていた。なぜなら、荒木がスタートを切っているため二遊間が詰まっており、ダブルプレーの危険があるからだ。そこで、右か左かのどちらかにしていた。

また、ときには荒木のスタートが遅れることもある。その場合は、ボール球だろうとファウルにしようと試《こころ》みていた。

ピッチャーと対戦していて、「ランナーのスタートの良さまでが見えるのか?」と、疑問に思う読者もいるかもしれないが、実際には察知できるものだ。まじまじとランナーを見なくても、ピッチャーが動いた瞬間に、ランナーが同時に動いたかどうかを見るだけなら十分にできた。13年のWBCで、鳥谷敬のスチールにバットが止まったのも、その感覚だ。

ときにはベンチからヒットエンドランのサインが出ることもあったが、そういう場合はたいてい、試合前から首脳陣と打ち合わせをしていた。そもそも、チームの中で攻撃のサインが出るのは私くらいだった。当時の落合博満監督と試合前にコミュニケーションをとって、「初球にバスターエンドランだから」と言われることもあったし、私がネクストバッターズサークルに入る直前に、「ランナーが出たら、エンドランいいですか?」と聞くこともあった。

サインにしても厳密なものではなく、フレキシブルに選手に任せてもらえた。例えば、初球にバントの構えをしてボールになったら、次の球はヒットエンドランに切り替えたほうがハマるケースもある。このあたりは、ベンチ内で首脳陣とよく打ち合わせをしていた。

荒木に盗塁してもらうばかりでは作戦に幅が広がらないし、荒木だってどんな場面でも成功できるわけではない。また、私がヒットエンドランばかりをやっていても、簡単にヒットを打てるとは限らない。それぞれにリスクがある中で、相手の戦力や状況を見ながらどの作戦を選択するか。ここが私の役割の面白さだったと思う。

2番を任されるうちに苦手になった盗塁

盗塁に関しては、あまり得意ではない。正確に言えば、得意ではなくなってしまった。

04年から毎年20盗塁前後を決めた時期もあり、通算149個を記録できたものの、失敗も90個と多かった。盗塁数が多かった時期は、「初球に走る」ということを強く意識していた。打者によけいな神経をつかわせたくなかったということ以上に、初球こそピッチャーのクイックモーションが最も遅くなると感じていたからだ。

さらに、初球から相手ランナーを殺しにいく牽制球《けんせいきゅう》を投げられるピッチャーも少ない。まず1球、様子見の牽制球を投げてくることが多い。だからランナーの立場からすると、比較的余裕を持ってリードをとれるのだ。

初球が最もチャンスがあり、2球目はクイックがちょっと速くなり、3球目以降になると完全に走れない。あくまでも私のイメージだが、そんな実感があった。

盗塁が得意ではなくなってしまった理由は、私が2番打者を任されていたことと関連する。もし1番を打っていたら、ある程度どのタイミングでも走れるようにしただろう。だが、2番打者となると、出塁しても次が3番、4番とクリーンアップにつながっていく。中軸の打席で、一塁ランナーがちょこまかと動くのは得策ではない。

また、中日の3番打者は福留孝介、立浪和義さん、森野将彦といった、左のアベレージヒッターが入ることが多かった。必然的に右方向に打球が飛ぶことが多く、盗塁失敗のリスクを考えれば、「かえって一塁にとどまっていたほうがいいかもしれない」と思うようになった。

走るとすれば初球くらいで、あとは一塁にとどまる。そうやって自重《じちょう》しているうちに、だんだん足が踏み出せなくなっていった。もし、私が1番打者だったら、もっと盗塁は増えたかもしれない。だが、結果的に1番・荒木、2番・井端の打順だったからこそ、うまく機能した面のほうが大きいだろう。そのことは、次の項目でお伝えしよう。

制約が多くても奥深い2番打者の仕事

個人的にどの打順が好きかと聞かれれば、私は迷わず「2番」を挙げる。

近年はメジャーリーグにならって長距離砲を2番に入れるチームも出てきたが、私のようなつなぎ役の2番にとっては、制約の多い打順になる。

球数を投げさせるためにわざと絶好球を見送ることもあるし、ランナーを進塁させるためになんとかゴロを打って打率が下がることだってある。

荒木が1番、私が2番に入るケースが多かったが、荒木はアグレッシブな打者だったから、初球で凡退するケースも当然あった。続く私も初球を打って凡退すれば、わずか2球で2アウトを取られてしまう。ベンチだけでなく、スタンドのお客さんも淡白な攻撃だと受け取り、意気消沈ムードが広がってしまう危険もある。

だが、いつも見逃していたら、「初球は打たない」と相手バッテリーに決めつけられてしまう。だから、荒木のアウトのなり方、ケースをいろいろと考慮して、「ここならそんなに害はないだろう」という場面で、初球から振りにいくこともあった。そもそも、1球待ったところで大して変わりはないのだ。どこかで攻めにいかないと、相手バッテリーに安心されてしまう。とはいえ、荒木が初球を打って凡退したあとは、私は初球を見送るケースが多かった。そういうときは打つ気はないので、打席でひたすら「ボール投げろ、ボール投げろ」と念じているだけ。プロの一軍レベルになると、打てる球が来るのは1打席に1球あるかないかだと言われる。その1球が初球に来たときの絶望感はなかなかだ。

とくに速球のときはなんとも思わないのだが、打つ気がないときに緩《ゆる》い変化球がふわっと甘いゾーンに入ってくるのはショックが大きい。気が入っていないときの速球はとても速く感じるのに、気が抜けているときのふわっとした変化球は驚くほどタイミングが合うのだ。だから見逃した直後、「打てば良かった」と後悔してしまう。

それでもこの体験から、「緩い変化球は、こうやって待てばいいんだな」と気づけた。変化球を待つときに気負いすぎると、かえって打てない。打つ気がないくらいの感じで変化球を待ったほうが合う。ピンチになると変化球が増えるピッチャーと対戦するときは、そんな感じで変化球を狙っていた。打つ気がないように見せて、打ちにいく。

ボールを待つと言えば、こんな話もある。私が打席に入る際、応援スタンドから20秒強のファンファーレが流れることが定番になっていた。中には、「井端はファンファーレが終わるのを待ってから、スイングしているのでは？」と思っている人もいたそうだが、その意識はまったくなかった。熱心に応援してくれるファンには申し訳ないが、そこを気にしていたら、簡単に2ストライクに追い込まれてしまう。初球から甘い球を見逃すのはもったいないだけに、ファンファーレは意識せずに打たせてもらっていた。

2番という打順は制約も多いが、それ以上にやりがいが多く、楽しかった。確かに自己犠牲も必要だが、それは仕方がないこと。

野球は点取りゲームである。私の場合は、つなぐ役割、スタンスが性《しょう》に合っていた。クリーンアップに座れるだけの打力がある選手は、しっかりと打つべきなのだ。とはいえ、チーム全体が好き勝手に打つ選手だらけだったら、逆に点が取れないと、私は思っている。

2ストライクに追い込まれたあとに粘る方法

2ストライクと追い込まれてから、どうやって対応するか。これも、2番に入ることが多かった私のような打者にとっては大きなテーマだった。

前述したように、早いカウントから打ちにいけないことが多い職責で、2ストライクに追い込まれることは、往々にしてある。そこで、いかにして粘れるかを大事にしていた。

0ボール2ストライクの状況で、打率3割を打てる打者など、ほぼいない。ほとんどの打者は1割〜2割台前半のはず。だが、ここから1ボール2ストライク、2ボール2ストライク……とボールカウントが増えていくと、どんどん打率は上がっていく。3ボール2ストライクのフルカウントになれば、打率は3割近くまで上がってくる。

早い段階で追い込まれても、「フルカウントまでもっていけば、なんとかなる」と思っていた。ただ、そこで「フォアボールをもぎ取ろう」と思ってしまうと、なかなか打てない。あくまで打って出塁するつもりでいながら、自分の狙い球を1つに絞《しぼ》って待つ。

2種類の球種を狙って待てれば理想だが、私にはそこまでの技術がなかった。2ストライクに追い込まれても、「このボールが来たら確実にヒットにする」という狙い球を待ちつつ、あとはなんとかファウルで粘っていく。

ファウルを打つポイントは前述したとおりだが、プロで年数を重ねるごとに極端に右方向にばかりファウルを打つということがなくなっていった。ときにはレフト側に引っ張ってファウルにすることもある。不自然に右方向にばかり持っていこうとすると、そこばかり突かれるようになるからだ。また、右方向への意識が強すぎると、ポイントがどんどん体側に入りすぎて、ヘッドが出てこないクセがついてしまう。いざ狙い球を打ちにいこうとしても、ヘッドが出てこずに、それもファウルになってしまう危険があるのだ。

だからやはり、前述したようにインパクトのイメージは、「ホームベースのラインと平行」にする。このイメージが崩《くず》れると、私自身の打撃も崩れてしまう。

「窮屈《きゅうくつ》なバッティング」でも、不満がない理由

試合前の打撃練習で確認することは、前述したミートポイントだけだ。ホームベースの横線と平行になるポイントでとらえることが、私が大事にしていた部分。このポイントが前日の試合で崩されていることもあるだけに、その修正をしていた。

もともと私のバッティングは窮屈《きゅうくつ》な形になるが、打撃練習も窮屈なスイングになる。インコースはポイントを若干《じゃっかん》近くして、センターからライト方向に落とすイメージだった。

こんな窮屈そうなバッティングばかりでいいのか、もっとのびのびとスイングしたほうがいいのではないか、という考え方もあるだろう。しかし、私も実戦になれば、なんでもかんでも右方向に持っていくようなスイングはしない。ときには思いきり引っ張り、レフト方向に長打を打ちにいく。このあたりは、相手バッテリーとの駆け引きになる。

打率を残したくても、ランナーを進めるためにゴロを打って打率が落ち、モチベーションを保ちにくいのではという見方もあるかもしれない。だが、当事者からすればそんなことはない。進塁打で打率が下がることがあっても、逆にヒットエンドランを成功させて打率が上がることだってある。私のような打者が全打席、普通に打っていたら、高打率は残

せなかったかもしれない。唯一《ゆいいつ》、不満があるとすれば、ノーアウト二塁の場面で、「進塁打」のサインが出ることだった。ベンチとすれば、最低でもランナーを進塁させ、あわよくばヒットでランナーをホームに還《かえ》してほしいという作戦だ。

だが、私からすれば、「それなら、バントで完全に送らせてほしい」というのが本音だった。例えば、この場面でいい当たりのセカンドライナーを打っても、「惜しかったな」では、すまされない。ランナーを進められず、チームにとって、なんの得にもならないからだ。

だから、打者としては、ヒットなんて狙いにいけない。ファーストゴロを打ちにいくイメージだった。セカンドゴロを狙うと、ピッチャーゴロになる可能性もあり、その場合、ランナーがもたつけば、最悪、ダブルプレーを取られてしまう。

せせこましい話ではあるが、バントなら確実にランナーを進塁させられるうえに、私の打率も下がらない。だから、ノーアウト二塁での「進塁打」は憂鬱《ゆううつ》になったのだった。

塁上の荒木の顔で、盗塁できるか否《いな》かが感じられた

一塁ランナーに荒木を置いた打席は、様々なことが仕掛けられるから楽しかった。

攻撃の選択肢の1つが荒木の盗塁だ。お互いにレギュラーを獲《と》りたてのころは、荒木が

いつ走るのかタイミングがわからなかった。だが、慣れてくると、打席に入る前に荒木の顔を見ただけで、「ここは走ります」という気配がわかるようになった。

荒木と私のあいだでサインを出し合っているわけではない。非科学的なので信じてもらえない読者もいるかもしれないが、これは紛《まぎ》れもない事実だ。

当然、私も1人の野手として、相手投手のクイックモーションの素早さや捕手の肩の強さは事前に把握している。それらの材料と荒木の表情をすり合わせて、「このバッテリーなら、荒木は走るはず」と判断していたのだと思う。

ときには荒木が、「ここは難しいです」という顔をしていることもある。そんな場面では盗塁はないので、私は初球から思いきって打ちにいけた。だが、荒木が「走ります」という顔をしていれば、私は「荒木待ち」をすることになる。そんなとき、だいたい1～2球待っていれば、荒木はスタートを切ってくれた。

ごくまれに、私が「荒木なら走れる」と思っていても、荒木がなかなかスタートを切らないケースがある。一塁ベースからリードをとってみると、あそこでしか見えない景色、感じ取れない気配があるのだろう。3球ほどたってから再び塁上の荒木を見ると、今度は「ダメです」という顔をしている。「おい、もうちょっと早く言ってくれよ」と、あくまでアイコンタクトではあるが、そんなやりとりを交《か》わしていた。

こちらとしては、「1球見た時点であきらめてくれ」とも思うのだが、荒木が粘ってしまうこともある。最初は「すみません」という顔だったのが、そのうち「ダメです」に変わっている。とはいえ、それも集中力を極限まで研《と》ぎ澄ませたうえでスタートが切れないのだから、仕方のないことだ。

荒木は初球打ちして凡退したあとや、「荒木待ち」をしたのにスタートを切れなかったあとには、私に「すみませんでした」と詫《わ》びてきた。だが、私はまったく気にしていなかった。そんなことで責めていたら、なにもできなくなってしまう。

荒木には荒木にしかない長所がある。1番の荒木が積極的で奔放《ほんぽう》な働きをして、2番の私がフォローする。この役割が、お互いにとってちょうど良かったと私は思う。もし、私が荒木の役回りを求められても、おそらく性格的にできなかっただろう。

確かに待球《たいきゅう》や「荒木待ち」で早めに追い込まれて三振をしたこともあった。ただ、荒木がいいスタートを切ったときに、私が誤ってバットに当ててファウルを打ってしまうことだってあったのだ。そこは、持ちつ持たれつだと考えていた。

お互いに長所もあれば、短所もある。そのうえで、荒木と私が組めば、損すること以上に得することがたくさんあった。もちろん、荒木以外の選手と組んだ経験はあまりないので、実際のところがどうなのかはわからないが。

荒木は私に対して「負担をかけて申し訳なかった」という思いが強いようだが、それは胸の内にとどめておいてくれれば、それでいい。何度も言うように、私は負担をかけられたとは感じていない。それに私からすれば、荒木が1番にいてくれて、2番の役回りで様々な駆け引きを経験できたことは、むしろ楽しかった。

この前はこのケースで「荒木待ち」をしたから、今度は初球から引っぱたいてやろう。今度はバントで送ろう。ヒットエンドランでチャンスを拡大しよう……。そうやって状況に応じて、読みや狙いを持ってプレーをさせてもらえた。

荒木のおかげでなんでもないボテボテのショートゴロがヒットになることもあれば、逆に、会心のセンター前ヒットだと思った打球が捕られてダブルプレーになることもある。ラッキーもあれば、「おい！」ということもある。それが野球というものだ。

アライバが生きたのは、強力なクリーンアップのおかげ

もし、荒木がいなかったら、私の攻撃スタイルは変わっていたのか。これればかりは本当にわからない。もうちょっと打てたのかもしれないし、逆に存在価値を認めてもらえず、レギュラーを降ろされていたかもしれない。ただ、これだけは言えるのは、私も荒木も中日

のクリーンアップが強力だったからこそ、評価してもらえる存在になれたということだ。

私の次を打つ3番の福留孝介、立浪和義さん、森野将彦。4番のタイロン・ウッズやトニ・ブランコ。ほかにも、和田一浩《かずひろ》さん（元埼玉西武、中日）、中村紀洋さん。こういった優《すぐ》れたポイントゲッターが荒木と私をホームに還してくれなければ、優勝などできなかったに違いない。中軸を信頼していたからこそ、私たちは自分の役割に徹することができた。

自分の個人成績ももちろん大事だが、私はクリーンアップの誰かが打点王になってくれると、「1年間やった甲斐《かい》があったな」と感慨深《かんがいぶか》かった。荒木と私が単純に出塁するだけでなく、一塁より二塁、二塁より三塁へ進むことで、得点に近づける。その積み重ねが、クリーンアップの打点数に直結するのだ。3番、4番とも100打点以上稼《かせ》いでくれると、「いいシーズンだったな」と思えた。

前述したとおり、私は次第に盗塁が得意ではなくなっていったが、走塁面は最低限の仕事ができたと自負している。例えば、一塁に荒木を置いた場面でのヒットエンドランで、荒木は高い確率で三塁まで進んでくれる。外野手がバックサードする際には、私は送球間に二塁への進塁を狙った。とくにレフトへヒットを打った際は、狙い目だった。荒木が三塁に進む姿を見ると、レフトは近い三塁ベースに投げたくなる。さらに、レフトは一塁ベースと遠いため、オーバーランをとりやすい。大きくオーバーランしてレフトの動きに目を凝《こ》らし、レフトが三塁に投げたら、二塁に走る。そうすれば、アウトになることはなかった。ライト前ヒットやセンター前ヒットの場合は、二塁ベース付近に返球が来るので進みにくい。もちろん、外野手から三塁へダイレクトで遠投するような高い送球の場合は難なく二塁に到達した。このあたりは、隙《すき》あらば行こうという姿勢は常にあった。

ただし、打者走者が二塁でクロスプレーになってアウトになれば、大罰金ものである。無理をしない範囲ではあるが、もし二、三塁にできれば、クリーンアップの1ヒットで2点が入る。一、三塁のままにとどまっていたならば、後続打者のバッティングによっては、ダブルプレーで3アウトになってしまうことも起こりうるのだ。

中日打線が機能したのは、「個々のスタイル」を組み込めたから

打者としてのスタイルは、人それぞれである。

初球から打ちにいきたい人もいれば、いかない人もいる。真《ま》っ直《す》ぐに強い人もいれば、変化球に強い人もいる。そういった個性を当てはめて並べていくのが、「打線」だと思う。その特性がうまく組み合わさるかどうかで、点が入るかが決まる。

荒木が初球から積極的に打ちにいくのも、1つのスタイルだ。私はまったく問題ないと

思っていたが、ある先輩から、「荒木の次は、打ちにくくないか？」と聞かれたこともある。荒木が初球から打ちにいくため、ネクストバッターズサークルで気持ちの準備が整いにくいというのだ。だが、私からすれば、荒木が初球から打ったらその逆をいけばいいだけのこと。また、荒木も粘って球数を投げさせる打席だってある。その先輩のスタイルと荒木のスタイルが噛《か》み合わなかったということだろう。

確かに、たまに予測もつかない凡打もあるが……。例えば、試合開始直後、荒木がいきなりどん詰まりの内野フライを打ち上げると、「今日のピッチャーは速いのか？」と疑心暗《ぎしんあん》鬼《き》になってしまうこともある。だが、弊害《へいがい》と言えるのはそれくらいだ。

どんどんいくやつがいて、待つやつがいて、それでいい。打線全員がイケイケの選手だったら、勢いに乗れば大量得点を奪えるだろうが、打開策のないまま淡白に終わる危険もある。バリエーション豊富な選手が並んでいれば、打線としてトータルで得点を奪いやすくなるはずだ。もし荒木のようなスタイルの打者がチーム内にたくさんいたら、荒木は使われなかったかもしれない。逆に全員ウエイティングするタイプの打者だったら、私だって使われなかった可能性もある。

一時、私が1番で荒木が2番になった時期もあるが、そのときは打線として噛み合わなかった。首脳陣としては、ウエイティングタイプを先に持っていったほうがいいという判断だったのかもしれないが、結局は1番・荒木、2番・井端の元のサヤに落ち着いた。

私から見ると、荒木ほど初球からガツガツと攻めていける打者は、なかなかいなかった。あのころの中日では、荒木と福留くらいのものではないだろうか。ほかには決め打ちの人もいれば、初球から打ちにいくと見せかけて狙い球が来なければ打つのをやめるという人もいた。荒木と私が1、2番を組んだ当時の中日は、右打者、左打者の配分も含めて、様々なタイプの打者を偏《かたよ》りなく組み込めたのかもしれない。

最後まで肌に合わなかった打順は、「5番」

私が好きな打順は2番だと先に述べたが、逆に合わないと感じたのは5番だ。

高木守道さんが12年に監督になり、5番として起用されることが増えた。いちばん嫌《いや》だったのは、4番がホームランを打った直後の打席だ。あれほどやる気が出ない打席は、ほかになかったと思う。

ホームランによって一度試合の流れがストップされて、ランナーもそれまでの状況もすべてがなくなって、しかもスタンドがざわついている中で打席に入らなければならない。もし、自分がホームランバッターなら「自分も続こう」と思えたかもしれないが、私はそんなタイプではない。「自分はなにをしにいけばいいのか……」という戸惑《とまど》いのほうが大きかった。

2番を打っていたころは、1番の荒木がホームランを打つことは年に3回くらいしかなかった。だが、5番当時の4番打者はブランコであり、本塁打は珍しいことではなかった。本塁打直後の打順のつまらなさは、ほかにないものだった記憶が鮮明に残っている。

5番打者は初回の攻撃でチャンスが回るイメージもあるかもしれないが、3、4番に比べれば、それほどではない。2アウト一、二塁とか、1点取ってさらに2アウト一塁とか……。

それ以外にも、すでに事が起きたあとに回る場合が多く、「ここでなんとかしてくれ」という打順には感じなかった。率直《そっちょく》に言って、「意外とつまらない打順だな」というのが本音だが、それももちろん、私のスタイルと5番の役回りが単純に合わなかっただけのことだ。

5番は、意外と2番と似ている部分も確かにあった。5番にいながら、「ここは送りバントしたほうがいい場面だな」というケースも目立ったのだ。3番、4番打者は警戒されるため、四球も増え、出塁率が高くなる。3番がヒット、4番がフォアボールを選んで、無死一、二塁で5番に回ってくることも多かった。

そこで私が打席に入って、「バントだろう」と思ってベンチを見たら、「打て」のサインが出る。2番ではこんなケースでヒッティングをすることはほとんどないだけに、戸惑うしかなかった。結局、最後まで5番には、違和感をいだきっ放《ぱな》しだった。

「井端流」非長距離砲のホームランの打ち方

私はプロ通算でも56本しかホームランを打っていない。最も多くホームランを打った年でも8本（06年）だ。そんな私が語るのもおこがましいが、私のような体が小さくパワーのない打者でもホームランを打つ方法があるのか考えてみたい。

私も常に単打を狙っているわけではなく、ときには長打を狙う打席もある。そんなときに意識するのは「回転」だ。いかに小さく、速く回れるか。インコースのポイントで、センターからライト方向に打つイメージを持ちつつ、キュッと鋭く回転するイメージだ。ポイントを前に持っていかなくても、手元でコマのように速く回れば、打球は飛んでいくのだ。

実際に、狙ってホームランを打った試合もある。11年11月6日、東京ヤクルトとのクライマックスシリーズのファイナルステージ第5戦のことだ。

中日打線はヤクルトの先発・館山昌平《たてやましょうへい》（現東北楽天二軍投手コーチ）に完璧《かんぺき》に抑えられて、0対0のまま、6回裏に入った。1アウトから荒木が四球で出塁して迎えた打席で、私はあらかじめ「長打を打とう」と狙っていた。

初球の入り方がなにかで、決め球が決まると思っていた。館山とは対戦する機会も多く、捕手の相川亮二《あいかわりょうじ》（元横浜など、現巨人バッテリーコーチ）の考え方も読めていた。荒木が一塁にいる場面で、初球に変化球が来たら、勝負球はおそらくインコースのシュート。もしくは、初球でシュートやストレート系が来たら、最後はフォークか。そのように配球の傾向はわかっていた。どっちかなと思っていたら、初球にスライダーが来た。これで、「最後は絶対にシュートだ」と確信が持てた。

試合が膠着《こうちゃく》状態だったから、私にしてみれば、かえってシュート以外を捨てることは簡単だった。もしビハインドだったら、なかなかそういう打席は作れない。まだ0対0と試合が動いていてなかったから、自分がアウトになろうが、痛手は小さい。だから、2ストライクに追い込まれるまで待って、最後はシュート一本しか目付けをしていなかった。

カウント2ボール2ストライクから、案《あん》の定《じょう》、インコースにシュートが来て、私は読みどおり完璧にとらえた。打球はナゴヤドームのレフトスタンド中段に飛び込んだ。結局、このホームランが決勝点となり、中日は日本シリーズ進出を決めたのだった。

館山も相川もずっと対戦していた好敵手だ。長く対戦していると、見えてくるものがあり、こうした駆け引きに楽しみを覚えていた。

普通にスイングしてホームランを打てるのがホームランバッターだ。だが、よくホームランバッターではない打者が、「ヒットの延長がホームラン」などとコメントすることがあ

ヤクルトバッテリーの組み立てを読み、狙って打ったホームラン。生還《せいかん》し、2人で喜び合った。

る。そういう話を聞くと、「嘘《うそ》をつけ」と言いたくなる。私のようにホームランバッターではない打者は、狙わなければ打てないと確信している。

打順にまつわる新説「1番より下位に、俊足を入れるべきでは？」

現代野球はメジャーリーグの影響を受けて、1番から強打者がズラッと並ぶチームが増えてきたという声もある。確かに2番に長打を打てる打者を入れるケースも目立つ。だが、実際にそういった策を講じているのは巨人、横浜DeNA、北海道日本ハムくらいで、多くのチームはいまだに小技もできるつなぎの2番打者を入れている。

中でも「山賊《さんぞく》打線」とも「獅子《しし》おどし打線」とも称される埼玉西武は、源田壮亮が2番に座っている。源田はつなぐ役割もできて、快足で盗塁もできる。19年まで組んだ秋山翔《しょう》吾《ご》（現シンシナティ・レッズ）との1、2番は、球界でもトップクラスだと見ていた。ほかにも、福岡ソフトバンクの今宮健太は、長打力も確かにあるが、バントが格別にうまい。

DeNAのように3割、20～30本塁打を期待できる強打者が多いチームになると、上位打順からズラリと大砲を並べられる。だが、気になるのは、長打が多い半面、単打が続いても走塁は「各駅停車（1本のヒットで、1つしか進塁できないこと）」のため、得点能力としては高くないということだ。また、巨人の坂本勇人、日本ハムの大田泰示《おおたたいし》のように長打力に長《た》けた2番打者がいれば、初回からいきなり2点、3点と奪うチャンスが生まれ、戦い方はラクになる。結局は、戦力の中でどのように組み合わせられるか、その勝負になってくる。スタメン全員がホームランを打てる打線なら、それはそれで楽しいかもしれない。

打順に関して、1つ私が提案したいことがある。それは、上位打順以上に下位打順に足の速い選手を置いたほうがいいのではないか、ということだ。1番、2番に足の速い選手を置いたところで、3番や4番が打席に入れば、外野の守備位置は下がるのである。そこまでの快足選手でなくても、ヒット1本で二塁から本塁へ還《かえ》ってこられるだろう。

だが、セ・リーグの野球を見ていると、長打が期待できない8番にヒットが出ても、二塁からランナーが還ってこられないケースをよく見る。そうなると、続く9番・ピッチャーに打順が回って、0点で終わるのだ。ならば6番、7番あたりに足の速い選手を入れたほうが、貴重なヒット1本で本塁に生還できる確率は高まるのではないだろうか。

クリーンアップに長打力のある選手がいるという大前提つきだが、私は、上位打順よりも下位打順に足の速い選手を置いたほうが得点力が高まると考えている。

広島は16年からリーグ3連覇を達成したが、その時期は打線全体の足が速かった。田中広輔、菊池涼介、丸佳浩《よしひろ》（現巨人）と、1～3番に俊足がいて、鈴木誠也も速かった。

さらに、ときおり、安部友裕《ともひろ》を5番に据《す》えるという意外性のある起用もあった。カープとしては4番のブラッド・エルドレッドや新井貴浩《たかひろ》（元広島、阪神）のような強打者のあとに、足の遅い選手を続けるのが嫌だったのかなと感じる。

「フライボール革命」と、走塁軽視の風潮

「フライボール革命」という言葉が流行した一方、走塁面への意識がなおざりになっている風潮を感じる。私自身、ホームランが嫌いというわけではない。みんな長打を打てれば、それに越したことはない。長打が続けば、それだけ得点の可能性が増すのだから。

だが、打線の全員がホームランを狙って、その日に1本もホームランが出なければ、お客さんはつまらないのではないか。1試合で5本も6本もホームランが出て、大量得点で勝った……というならいい。だが、そんな試合は年間通してもなかなかないものだ。

ホームランをたくさん打てる打者でも、年間30本塁打も打てば、一流である。その打者が8人揃《そろ》っても240本。それだけ打ったからといって、優勝できるかと言えば、わからない。試合の趨勢《すうせい》が決まったあとの、さほど効果の薄いホームランも多いだろう。

私はむしろ、相手にプレッシャーをかけ、バッテリーをいじめてチャンスを作ってお膳《ぜん》

立《だ》てをしたうえで、中軸がドカンとホームランを打つほうがダメージは大きいと感じる。

相手バッテリーにすれば、「ヒットはいいから、ホームランだけは打たれないようにしよう」と、長打を警戒して慎重に攻めるのは、意外と難しいことではない。いくらホームランバッターでも、慎重に攻められれば、そうそうスタンドまで運べるものではないのだ。だが、ランナーが相手にプレッシャーをかければどうだろう。バッテリーの平常心を奪い、打者にとって打ちやすい環境にしたほうがホームランは生まれやすくなる。

ヒット1本でランナーに2つ塁を進まれるのは、守備側にとって非常にプレッシャーがかかる。しかし、1アウト一、二塁なら、後続のバッティングによっては、ダブルプレーでチェンジ。もし併殺崩《へいさつくず》れでも、2アウト一、三塁と、得点は奪えず、結局、そのあとの打者がやはり打ち取られ、チェンジとなるかもしれない。チャンスであって、チャンスでないところがある。

だが、ランナーが2つの塁を進んで1アウト一、三塁を作れれば、ダブルプレーが取れなければ、1点が入ってしまう。当然、守備側の心理的なストレスも違ってくる。

このように、長打だけでは測れない奥深さ、面白さが野球にはまだまだ残っている。たとえ今後も長打力重視の風潮が深まったとしても、走塁の醍醐味《だいごみ》がなくなるわけではない。そのことは、声を大にして伝えていきたいと思う。

アライバ対談

ARAIBA

中編

攻撃の戦略&「1・2番コンビ」の機動力秘話

2人で勝手に決めたヒットエンドラン

「俺《おれ》の中では、成功した記憶しかない」▲井端
×
「スタートが遅れたとき、井端さんがファウルにしてくれた」▲荒木

井端 ここからは、攻撃をテーマにして語っていこうか。荒木との攻守両面でのコンビが熟成したな……という手ごたえを得たのは、レギュラーになって4~5年してからかな。

荒木 確かに、二遊間を組み始めてから、それぐらいたってからですかね。同感です。

井端 本当はあまり言ってはいけないことだとは思うんだけど、守っていて、「次どうする？」と打ち合わせをする必要性がなくなってきた。打つほうに関しては試合前とか、ネクストバッターズサークルでコミュニケーションをとっていたけど。

荒木 「どうする？」という話はしていましたね。

井端 荒木が「塁に出たら、最初から行きます」と言うときは、こっちも心の準備はしていた。だいたいネクストで先に会話して、決めていた。エンドランは楽しかったよな。

荒木 そうですね。

井端 勝手になにかやっても、ベンチからなにも言われない状況も良かったのかな。

荒木 やりやすかったですよね。

井端 エンドランといっても、変化球だったら俺《おれ》が空振りして荒木が盗塁を成功させるとか。あくまでも相手ピッチャーの力加減、クイックモーションの素早さをふまえての判断にしていた。あくまでも相手ピッチャーの指示ではなく、自分からやっていることだから、もう、正直言って楽しかった。その分、失敗も成功も、全部自分に返ってくる。それに、これはあくまでも印象だけど、エンドランは成功のほうが多かったんじゃないかな。

荒木 たぶん、成功のほうが多いですよね。

井端 もちろん、正確な数は数えてないし、失敗もしていると思うんだけど。俺の中では成功した記憶しかないんだよね。

荒木 僕は失敗したことばかり記憶する人間ですけど(笑)、その僕が失敗の記憶がほぼないんですから。

井端 たまに2人のあいだで勝手にエンドランをやって、変化球が来て俺が空振りして、「荒木、頼む……」というときに、盗塁を失敗したこともあった。あのときは荒木に対して、すごく申し訳ない気持ちになっていたよ。それだけ荒木の盗塁成功率も下がるし、失敗すると、チームにとってもマイナスなのは間違いない。それでも、荒木の足をそれだけ信頼していた。変化球なら、絶対に盗塁を成功してくれると思っていたから。

荒木　僕からすれば、むしろ井端さんに盗塁成功率を上げてもらっていた感覚です。スタートをうまく切れなくて、「やばい、切っちゃった……」というときに井端さんがストレートをファウルにしてくれたことが何度もありましたから。逆にドンピシャのスタートを切ったけど、井端さんがファウルを打ってしまう……みたいなことは、ほぼなかったですね。

井端　でも、何回かはあったよ(笑)、「あ、やべぇ!」ということは。

荒木　でも、ほぼなかったでしょう。僕の中に残っている記憶は、スタートが遅れたときに、「なんでこんなことができるんだろう?」というファウル。井端さんは自分の手元ギリギリまで引きつけて、ファウルにしてくれる。あの技術はすごいなと思っていましたから。

井端　まあ、我々の存在がチームの中で生きた前提として、あのころの中日には強力なクリーンアップがいてくれたというのはあるよね。

荒木　そうそう。

井端　塁にいるときは、「ホームまで還《かえ》してくれるだろうな」と思ってやっていた。今考えてみれば、とくに3番、4番が強力できっちり還してくれていたよな。最初は立浪和義さん、タイロン・ウッズ。それが福留孝介、ウッズになっても続いたし、森野将彦、トニ・ブランコになっても変わらなかった。

荒木　もう、「点は入るもの」って感じでしたからね。

井端　塁に出ればいいんだろ、くらいにしか思ってなかったよね。出塁するための選択肢《せんたくし》がヒッティングなのか、フォアボール、デッドボールなのか、エンドランなのか……と、いろいろあった。こっちは打てないながらも、ちょっとでも点を取りやすいようにしておけば、クリーンアップが還してくれるんだろうという思い。3番、4番の打者が打点王争いをしていると、仕事をしている実感があったな。

荒木　それは僕も同じです。

「1番荒木&2番井端」の並びが最適だった理由

「井端さんが次の打順にいるから、思いきっていけた」▲荒木
×
「荒木の顔を見たら、『行きます』『ダメです』と書いてある」▲井端

荒木　僕、いつも取材なんかで、「井端さんが次の打順にいるから、思いきっていけた」という話をしていたんです。ご存じのとおり、僕は、初球から狙《ねら》い球が来れば打ちにいくタイプで、初球であっけなく凡退すると、「先輩、頼みます……」と、祈るしかなかったですから。

井端　2人で足して、ちょうどいい感じを保っていればいいだけの話だから。俺はずっとそう思っていた。荒木と俺の2人で調和がとれていればいいと。逆に1番の荒木が粘って

くれて、2番の俺が行きやすい環境を作ってくれたこともあったし。

荒木　そうですか？

井端　そういうときは、「たまには俺も、カマしてやらないと」と、初球から攻めていけた。もしくは荒木が初球を打ったあとでも、相手バッテリーが「井端は初球を見逃すだろう」と簡単に投げてきたボールを狙って打つこともあったし。

荒木　そうでしたね。ヒットを打つことがいちばんのダメージになりますからね。

井端　理想を言えば、先発ピッチャーに対して2人で20〜30球を投げさせて、2人とも塁に出て、5回持たずしてマウンドから引きずり降ろす。それができるなら、いちばんいい。でも、すべての試合でそういうわけにはいかないし。その中でも、世間的に見たときに2人のあいだでうまく調和がとれていればいいのかな、と思ってやってきた。

荒木　井端さんは、僕の顔を見て、盗塁するかどうかがわかったらしいですね（笑）。

井端　荒木の顔を見たら、「行きます」「ダメです」と書いてあるように感じたよ（笑）。だけど、ある程度は試合前に、「このピッチャーなら、（盗塁）行けるな」ということは、2人で話していたしね。俺が打席に入って、1球目を見たあとに荒木が表情とか合図は出してくれたから、「行けるみたいだから、次は待とう」とか、「無理みたいだから、次は打ちにいこう」と決められた。だから、ラクと言えば、ラクだったよ。あとは俺がキャッチャ

攻撃の起点となる1、2番打者としても、重要な役目を任された(中央は、久慈照嘉現阪神コーチ)。

ーに対して、ハッタリをカマせばいいだけだから（笑）。

荒木　たぶん、僕の顔に出ていたんでしょうね。「これは無理だ」というときには、僕もハッタリをカマして、バッテリーに向けて、走れるそぶりをしました。でも、井端さんはわかっていたんでしょう。逆に盗塁が行けると思ったときは、なるべく初球に行くようにしました。

井端　荒木の顔を見て、毎回わかるのは自分しかいないと思っていたよ。

荒木　間違いないですね（笑）。あと、これはあとになって自分で気づいて笑ったんですけど、僕は盗塁すると決めたときに左足のソックスを上げながらヒザのパッドを直すクセがあったんです。スライディングでケガをしたくないから。このクセは、たぶん誰にも見抜かれてないと思いますが、この仕草をしたら100％、走っていました。ソックスを上げるのはサインを見ているあいだだから、井端さんは、そのときこっちを見てないですもんね。

井端　俺が見ていたのは、「ここは荒木が行きそうだな」という気配だけだったからね。でも、「行く行く」と見せかけて、行かないパターンもあったけど。相手ピッチャーのクイックモーションのタイムを見ても楽勝なんだけど、あそこ（一塁）に行ってみたら、違うものを感じることがあるんだよな。背中越しに圧《あつ》を感じるピッチャーもいるし、タイミングが自分と合わないこともある。それは、俺もわかるから。

荒木　そうなんですよね。

「アラ」が「イバ」に学んだ右打ちの極意

「井端さんは、わざと遅い打球を一、二塁間に打っていた」▲荒木
「それは見間違い。狙っていたけど、そこまでは意識していないよ(笑)」▲井端

荒木　井端さんが僕の盗塁するタイミングを顔の表情で察知したほどの神技じゃないんですけど、僕も井端さんが「一、二塁間を狙っているな」というのは、なんとなくわかったんです。それで、「この人はすごいな……」と思ったのは、すごく球足が遅いのに、ファーストもセカンドも追いつけない打球を、一、二塁間に打つこと。わざとそういう打球を打っているんだろうなと思っていました。僕の目の前をポテ、ポテ、ポテ……と転《ころ》がって、内野のあいだを抜けていく。ライトが打球にチャージするまで時間がかかるから、僕は三塁まで余裕で行けたんです。打席に立った井端さんの目線が、たまに一、二塁間に向いていることもあったし。もしかしたら僕の見間違いかもしれないけど、あれは狙ってやってたんじゃないですか?

井端　それは見間違い(笑)。

荒木　え〜、そうかなぁ!?(笑)

井端　まあ、狙ってはいたけど、そこまで意識はしてないよ。俺が打ってランナー一、三塁になるのは理想だけど、逆になにをしてはいけないかというと、二塁ベース付近にゴロを打って併殺《へいさつ》になること。

荒木　そうですね。

井端　それなら、セカンドよりもファースト寄りに打ちたい。セカンドゴロは自分の体の近くでボールを受け気味の体勢で打つから、スタートが遅くなりがちで意外とダブルプレーになりやすい。だから極端に言えば、ファーストゴロを狙っていた。右方向に狙って打ってセカンドにゴロが行くときは、あまり状態が良くないときだと感じていたな。

荒木　じゃあ、あえて球足の遅い打球を狙っていたわけではないんですね。

井端　ファーストゴロを狙ったら、結果的に一、二塁間に飛んだ……というほうが近いかな。

荒木　今の話で思い出しました。僕も一、二塁間に打とうとしたら、セカンドゴロになってゲッツーになることが悩みだったんです。そんなとき、井端さんに、「どこ狙って打っているの?」と聞かれて、「一、二塁間です」と答えたら、「一、二塁間を狙ってセカンドゴロになるんだったら、ファーストゴロを打とうと思えば、抜けるんじゃない?」と言われて。目からウロコが落ちましたね。その考え方はなかったなと。結果的に、そのくらいでちょうど良くなる。簡単な考え方でいいんだよなと。

井端　そもそもファーストは一塁ランナーがいれば、ベースについていて定位置には守れないから、「ファーストはいない」と思えば、よけいに狙いやすい。

荒木　僕は井端さんの右打ちを参考にしていたんですけど、なかなかできなかったんです。なにが難しいかと言えば、僕の場合はバットのヘッドが返っちゃう。ヘッドが早めに返って、ボールを引っかけてしまうんです。でも、井端さんはヘッドが返りそうになると右足を引いて、ヘッドを返さないようにしていましたよね。

井端　引っかけてショートゴロとかセカンドゴロ、ピッチャーゴロを打ってしまうとゲッツーがあるから。極力引っかけないようにと考えて、右足を引いていたんだよ。それに、そのほうがヒットになる確率が高いかなという考えもあった。俺の場合は次の打順がクリーンアップだから、一、二塁間にゴロを転がせば荒木が二塁に進みやすいし、進塁打にできるかはかなり大事。1アウト一塁と1アウト二塁では、全然変わってくるから。最悪でもランナーをセカンドに進めなきゃ、と考えていくうちに自然とあの打ち方になっていった。

荒木　そうだったんですか。

井端　バッティングは、良くても7割は失敗するわけ。だから、失敗していく中で、いかに次につながる失敗にできるか。一塁より二塁、二塁より三塁、という意識は多少強かったのかもしれない。

アライバの真骨頂があらわれた「神走塁」

「三塁を回った荒木の動きがスローモーションに見えた」▲井端
「井端さんのあのヒットで還《かえ》るのが、僕の仕事」▲荒木

荒木　僕の現役生活で最も記憶に残っている走塁は、2011年9月23日の東京ヤクルト戦（ナゴヤドーム）なんです。井端さん、覚えていますか？

井端　もちろん。あの年はヤクルトがずっと首位を走っていて、ウチはだいぶ負けていた。でも、後半戦に直接対決で勝ってゲーム差を詰めて、ヤクルトと並んだくらいだったよね。

荒木　そうですね。ただ、もう1敗もできない状況の試合でした。

井端　8回裏、2対2の同点の場面だったけど、あの年は東日本大震災があって、試合時間が3時間半を過ぎると延長戦に入らない特別ルール。引き分けだと試合数が消化されるだけで、勝たなければいけない試合。2アウトから荒木がツーベースで出てくれて、俺がバッターだった。1点勝負だからヤクルトも、外野が前進守備を敷いてきていた。

荒木　2アウトだから外野が前にいるのはわかっていて、リードを大きめにとっていました。

井端　それなのに、俺のセンター前ヒットで二塁から還《かえ》ってくるんだから……。もう打っ

年齢もレギュラーとなった時期も近く、チームメイトとしての付き合いが長かった2人。対談では、これまで語られることがなかった秘話も数多く飛び出すなど、大いに盛り上がった。

た瞬間から、見ていたよ。どうかなぁと思ったけど、三塁を回る勢いで走っていたから。

荒木　まあ、サードベースコーチが腕を回していましたしね(笑)。もちろん、2アウトですし、僕も行きたい気持ちはあったので、打った瞬間にいいスタートは切れていました。

井端　俺もそれを見て、おとりになれるかもしれないから二塁へ走って。ああいうとき、人間ってスローモーションに見えるよね。センターからのボールもスローで、三塁ベースを回ってコーチャーを過ぎたくらいからの荒木の動きもすごくスローに映って。キャッチャーが返球を捕り、そこからはコマ送り。タッチをしにいく、荒木はヘッドスライディングする……。

荒木　タイミングは微妙でしたけど、送球がちょっと一塁側にそれたので、セーフになれました。僕の中ではベースランニングも含めて、完璧《かんぺき》な走塁ができたと思っています。

井端　今でも鮮明に覚えているよ。

荒木　井端さんがああいう場面で、センター前に打ってくれるイメージはあったんです。強烈な外野正面のヒットなら、ホームに還れなくてもしょうがない。でも、先にひっかけるように外野の前に落ちたら、ホームまで還るのが僕の仕事だと思っていました。この場面はそんな打球でしたし、それを優勝がかかった試合でできたことが印象深かったです。春先の試合でのことだったら、たぶんここまで覚えていなかったでしょうね(笑)。

(265ページからの対談後編に続く)

第3章

アライバ「野球道」の鉄則

ARAIBA

井端弘和の野球道

~イバタの半生、挫折《ざせつ》と成功、プロ意識、メンタル術~

野村克也さんの電話がなければ、競輪選手になっていた

最後のこの章では、守備・攻撃も含めた野球全体について触れる。半生を振り返りながら、自分の野球観やメンタル、監督ら恩人、そして後進の育成など今後についてもお話ししたい。

荒木雅博も小学生のころにサッカーをやっていたそうだが、私も一時、サッカーチームに入っていた。引っ越し先が静岡県で、サッカーどころのため地域の少年野球チームが1つもなかった。静岡は本当にサッカーが盛んで、学校の体育もサッカーしかやらない。「仕方がないから、なんかやらないと」という感覚で、サッカーを始めた。

といっても、サッカーをやったのは1年足らずで、また神奈川県に引っ越して野球に戻った。ほかには幼児期の運動経験と言えば、水泳くらい。ただ、いろいろなスポーツをプレーすること自体は好きだった。走ることは嫌いだったが、速いほうだったと思う。

野球選手としては、勘《かん》だけは良かったと思う。他人のことはわからないが、小学生としては悪くない選手だったのだろう。ただ、中学生になると一気に自信は打ち砕《くだ》かれた。自分よりすごい選手が山ほどいたからだ。下の学年にもすごい選手がいて、プロ野球で使う球場でホームランを打つようなやつまでいた。正直言って、「野球では無理だな」と悟った。だから中学生の時点では、野球は遊び感覚だ。とりあえず、惰性《だせい》でやっておこうという次元だった。当然、プロを目指そうなどという大それた考えなど持ち合わせていなかった。

大人からは競輪選手になることを勧められていて、私もその道に進もうと考えていた。だから、高校から誘いが来なければ、野球をあきらめて競輪の方向へ進むつもりだった。そんな中学3年生のある日、電話がかかってきた。電話の主《ぬし》は野村克也《かつや》さん（元南海ホークスなど、元南海・ヤクルト・阪神・東北楽天監督）だった。

当時、私は、野村沙知代《さちよ》夫人がオーナーを務める「港東《みなとひがし》ムース」と対戦したことがあった。そこでなぜか、野村克也さんが私に目をかけてくださったのだ。野村さんは私に、東京の堀越高校に進むようアドバイスを送ってくれた。あれだけの人が言ってくれるのだから、と私は堀越高校へ進学し、野球も続けることにした。おそらく、野村さんからの電話がなければ、なにも考えずに近所の高校に通っていただろう。そして、今ごろ、どんな人生を送っていたのか、想像もつかない。高校以降に競輪選手養成所に通うための訓練はしていたと思うのだが。

料理に、真剣の刃渡《はわた》り……得難い経験をした高校時代

1991年に入学した堀越高校では様々な経験をさせてもらい、のちに亜細亜大学、プロと厳しい環境でやっていくための土台を作ることができた。

当時の堀越野球部は、一軒家を借りて寮《りょう》代わりにしていた。レギュラーメンバーが同じ空間で寝食《しんしょく》をともにするのだが、私は下級生の段階から寮に入ることができた。

そこでは、野球の練習以上に、料理を作らされた経験が印象深い。それまで料理などやったことがなかったが、材料を仕入れて献立《こんだて》を考え、調理するところまでひととおりこなした。ハンバーグも出来合いのものではなく、食材から作り上げた。

料理当番が忙しいため、練習を早めに抜けて、夕食の準備に向かった。本末転倒な気がしないでもなかったが、要領良くこなす意味では、いい経験になった。上級生になってもなお、下級生に満足のいく料理ができる者がいなかったこともあり、私が料理を作り続けた。

そしてなにより、当時の桑原秀範《ひでのり》監督との出会いは強烈だった。桑原監督は広島商業高校、法政大学、社会人の鐘淵《かねがふち》化学工業（現・カネカ）とエリートコースを歩んだ野球人。広島商の監督としても、82年夏の甲子園で準優勝に導いた実績のある指導者だった。

日本刀の刃《は》を上に向けた状態で、素足で歩かされる「真剣の刃渡《はわた》り」など、本当にいろいろな経験を積ませてもらった。「この監督の指導以上に怖《こわ》いことは、今後の人生で起きないだろう」と、高校生ながらに思っていた。それは私だけでなく、ほとんどのOBが実感を込めて語っていることだ。

桑原監督は野球のことで怒ることはほとんどなかった。それ以外のところ、練習に取り組む姿勢や態度などについて、口酸《くちす》っぱく言っていた。高校生にもなると、なかなか本気で練習に打ち込めないときもある。だが、桑原監督は真剣にやるということにこだわっていたように思う。それはもう、すごかった。

ただし、日々の練習は地獄のように厳しかった半面、休みもかなり多かった。シーズンオフは、土日休みの週休2日制。5月に合宿をしたあとには10日間ほど休みが入るし、お盆休みもある。ほかの強豪校では考えられないほど、休みが多かった。

なぜこんなに休みが多いのかと思っていたが、卒業後に「監督がゴルフの予定を入れていたから」という衝撃の事実を知った。

思えば、日曜日の試合後にやたらと怒ることが多かった。「おめえら勝手にしろ、俺《おれ》はもう来ねえ！」と、日曜日に必ず言う。そして、月曜日は「勝手に練習しとけ」と言うので、選手だけで練習をしていた。おそらく、そのタイミングで監督はゴルフに行っていたのだろう。ときにはゴルフ帰りになのか、ふらりとグラウンドに寄って、部員たちを「来た！」と戦慄《せんりつ》させることもあった。

現代になってスポーツをするうえで休養の重要性が叫ばれるようになったが、桑原監督が当時から取り入れていたということは、改めて先見《せんけん》の明《めい》があったのかなと感じる。

野球人生最大の挫折《ざせつ》を味わったプロ2年目

私は亜細亜大学を経て97年秋のドラフトで5位指名を受けて、中日に入団した。

私の野球人生の中で、最も苦しかった時期はプロ1、2年目だ。とくに2年目の99年はチームがリーグ優勝する中、私自身は一軍に1回も昇格できなかった。その年、一軍に行っていないのは、ケガ人を除いたら私くらいのもの。みんな1回は一軍に上がっていたのだから、いかに戦力として計算されていなかったかがわかるだろう。

私のプロ2年目は、福留孝介が入団した年でもあった。ドラフト1位の逸材で、しかも当時は私と同じショートのポジション。年齢は私より2つ下だが、1年目からレギュラーとしてバリバリ活躍しだしており、私がつけいる隙《すき》などないように思えた。

その年の秋、私と同い年の選手が1人クビになった。その選手はピッチャーだったが、ク

亜細亜大学から、1997年秋のドラフト5位で中日へ。決して高評価での入団ではなかった。

ビになるのは私でもおかしくなかった。そんなこともあり、「このままいったら、来年は俺がクビになる」という危機感が募《つの》っていった。

精神的に追い詰められた私は、3年目の2000年に今までにない強い思いで勝負をかけた。簡単に言えば、「やっても、あと1年しかない」という思いだ。どうせあと1年しかできないなら、自分のやりたいようにやろうと、開き直りに近い心境だった。練習から「全部やりきった」と思えるようにやろうと、取り組んだ。そうすると、なにかが変わったのだろう。高校、大学、プロで教わってきたことが、すべて結晶になったような実感もあった。

一軍に置いてもらっても、「結果を出そう」とは思っていなかった。初めて開幕一軍に入って試合に出たときも、誰かの代役で入れてもらっただけ。正直言って、「自分は代わりに一軍に行っているのだから、打てるわけがない」と思っていた。

ハッキリ言ってレギュラーのようなメンタリティーは持っていなかった。だから、プレッシャーもまったく感じなかったのだろう。

この00年に92試合に出場して、打率3割0分6厘と結果を残したことで、私は一軍に定着できた。ただ、いくらシーズン途中からずっと試合に出させてもらったといっても、まだ完全なレギュラーとは思っていなかった。開幕スタメンを勝ち取った翌01年になって初めて、「これが、レギュラーのプレッシャーか」と痛感した。

一度でもレギュラーになってしまえば、あとはもう「降ろされたくない」という一心だった。ここまで長くプロで働けるとは、思ってもみなかった。

荒木と同じ屋根の下で暮らした若手時代

二遊間を10年以上にわたってともに守り続けた荒木雅博について、振り返っていこう。

のちに「アライバコンビ」と呼ばれることになる荒木は、私の2学年下だったが、高卒で、プロには2年早く、96年に入っていた。私が入団した当時は、外野手をやっていたはずだ。だから、当初は私との絡《から》みは薄かった。むしろ、1年前に入団していた、3歳下の森野将彦のほうが、同じ内野手として一緒に練習する機会が多かった。

二軍で遠征に行くようになり、その先々で遊びに行くなど、徐々に荒木との接点が増えていった。プロ2年目以降に仲良くなった印象がある。プロ入り3年目に私は一軍の試合にレギュラーとして出るようになったが、荒木はまだ一軍と二軍を行ったり来たりしていた。その年(00年)のシーズンが終わったあと、私も荒木も同時に寮を出るタイミングになっていた。

荒木は優柔不断《ゆうじゅうふだん》な性格というか、なにもしない男だった。そろそろ寮を出なければならない時期だというのに、次に住む家さえ決めていなかった。

ある日、私が寮を出る引っ越しの準備をしていると、荒木が「井端さん、家はどこにしたんですか?」と聞いてくる。私は新築で家賃も手ごろなマンションを見つけ、そこに決めていた。すると荒木は、「まだ空《あ》いていますかね?」と聞いてきた。「空いてるんじゃねぇか」と言って確認してみたら、まだ空室《くうしつ》があった。荒木は「じゃあ、そこへ行きます」と言って、私と同じマンションに住むことになった。

そのマンションは新築のため、入居は3月からだった。だが、その前に寮を出なければならない。私はどうせシーズンオフだし、ずっと名古屋にいるつもりもなかったため、ホテル住まいでもいいかなと考えていた。ところが、荒木は「3月までのあいだに住むところは僕がさがします」と言って、一時的な仮住まいを見つけて契約してきた。

その後、実際に行ってみて、愕然《がくぜん》とした。古い木造で、家賃3万円ほどの、狭いアパート。「ここに住まわされるのか……」と思わずにはいられなかった。

そもそも2月は春季キャンプでずっと留守《るす》にしているのだから、大して必要はなかったのだ。それでも、1月は荒木と同じ安アパートで生活した。

寮を出てからは、より濃密な関係になった。荒木も一軍でレギュラーになったこともあり、野球もプライベートも一緒に行動するようになった。よく家を行き来して遊んだし、どこへ行くのも一緒という時期だった。

同じマンションには、4年くらい住んでいた。先に荒木が結婚して出ていき、私はもう少し長く住んでいた。まわりの入居者もいい人ばかりで、気にいっていたのだ。

荒木が結婚してからは、プライベートでは距離を置くようにした。家庭のある人間の家に、これまでのように私が遊びに行くのはマズいと思ったからだ。

結婚してからの荒木は、少し秘密主義というか、仕事とプライベートをきっちり分けるようになったように思う。私は毎日のようにほかの若い選手と遊びに行っていたので、よく荒木の私生活について聞かれていたのだが、「謎《なぞ》だ」と答えるしかなかった。

そういうこともあってか、私と荒木は「不仲」のように言われたりもした。だが、私としては、荒木とは仲が良かったと思っている。

自分にはないスピードがあった内野手・荒木

荒木という内野手は、私にはない能力を持っていた。捕球体勢はやや腰高《こしだか》に見える部分はあったが、身体能力は飛び抜けていた。今の現役選手で言えば、菊池涼介のようなものだ。

菊池の捕り方、投げ方といった細かい技術については、私に限らず球界の指導者が指摘したくなる問題点は、いくつかあると思う。だが、プロの内野手はどこで評価されるかというと、誰も捕れない打球を捕る能力だったり、エラーしない堅実さだったりする。菊池や荒木の場合は、誰も捕れない打球を捕るタイプの内野手だった。誰もかなわないようなスピードがあった。私はエラーしない堅実タイプの内野手。タイプが違うだけに、それぞれの良さを生かしてやれればいいと考えていた。

荒木はイップスに苦しんでいた。私が入った段階では外野手をやっていたので、いつからイップスになったのかはわからない。今にして思えば、こう投げていたらイップスは治ったのではないかと感じることもある。荒木は打球を捕って、投げる方向にいる相手をしっかりと見てから投げるクセがあった。私は、「そんなに見なければいいのにな」と思っていた。

打撃にも通じることだが、打者は対戦投手のボールを半身《はんみ》の状態で待ち構える。ボールは両目で見ているようで、見ていないところもある。一方のピッチャーにしても、半身の体勢で投球動作をする。半身だから軸足（右投げなら右足）に体重が乗って、いい体重移動ができるのだ。だが、荒木の場合は両目で投げる方向を見てしまうので、軸足に体重がうまく乗らなくなる。軸足への乗りが甘くなると、体が前に突っ込みやすくなる。荒木の投げ方には、そんなイメージがあった。

こうした私なりの考えは、当時は本人には伝えなかった。私はコーチではなかったし、荒木には荒木のキャリアがあった。責任をとれない者がプロの選手にああだこうだ口を出す

若手時代はよく一緒にいて、オフのイベントにも、ともに参加。手前は、中日時代の福留孝介。

ことには抵抗があったのだ。もし私が荒木より10歳くらい年上だったら、いろいろとアドバイスはしていたかもしれない。

とはいえ、荒木から私にアドバイスを求めてくることもあった。とくに私とポジションを交換して、ショートにコンバートされた際は、よく話をした。

荒木はゴロを捕ってからボールをすぐに上に持っていってしまうので、「下にあってもいいんじゃないの？」とアドバイスした。ボールは投げる瞬間に上にあればいいと。

それ以外のことは、基本的に私からどうこう注文をつけることはなかった。荒木は人よりも動ける選手だし、当時30歳を過ぎており、大きくはいじれない。今まで積み重ねてきたものをいじったら、一気に崩《くず》れてしまう危険もあるからだ。

「アライバ」が熟成されるにつれ、減っていった会話量

荒木はレギュラーになりたてのころ、ポジショニングについて私からよく指摘を受けたことが印象に残っているようだ。

私はポジショニングというものは、お互いの位置を確認しながら動かなければならないという考えがある。荒木とコンビを組み始めた当初は、なかなかポジショニングへの考え

方がマッチせず、打ち合わせが必要だった。例えば、私が様々な判断材料をもとに二遊間に寄っていると、荒木も二遊間に近づいている。別の場面では私が三遊間に寄っているのに、荒木は一、二塁間に守っている。こうなると、ヒットゾーンが大きく空《あ》いてしまう。

私がおかしいと感じたときは、荒木に「こうだからあっちじゃないか?」と説明をした。ただし、試合中には説明する時間がないから、荒木に「あっち行け」と指示するしかなかった。経験を重ねていくうちに、私が荒木に対してなにかを言うことは減っていった。

3年も4年も一緒にやっていくうちに、会話はどんどん減っていった。よく人から「仲悪いの?」と言われたものだが、自然と会話をする必要がなくなっていくのだ。今までやってきた確認作業すら、必要なくなっていく。ともに中堅、ベテランとキャリアを積んでいく中で、お互いにとなりにいることが当たり前のような存在になっていった。

一緒に試合に出続ける中で、「今日のあいつはおかしいぞ」と感じるほどのことはなかった。それは、足が痛いとか、肩が痛いとか、私や荒木に限らずプロ野球選手は年がら年中どこか痛めているものだからだ。

やれるかやれないかは、自分の判断である。本人にケガをしているかどうか聞いたところで、「無理するなよ」としか言いようがない。「痛いんすよ」と言っていたら、「じゃあ代われよ」となり、別の選手に出番が与えられる。そういう世界だ。したがって、ほかの選手も含めてどの選手も、なにも言わなかった。だから、体調面はあまり気にしなかった。

荒木は慢性的な肩痛に苦しんだ時期があったそうだが、私も肩の痛みには大いに悩まされた。私の場合は肩が上がらず、上から強く腕を振って投げられなかった。基本的に下から投げるようにしておいて、三遊間の深い位置から投げるときだけ、やむをえず全力で腕を振った。その後は、10分くらい激痛が走っていた。これぱかりは、なんともならなかった。

どちらかというと、荒木は投げることより飛びついて体を痛めていたイメージがある。それだけスピードがあったということだろうし、セーブしないで飛んでいた証拠だろう。

私と荒木の関係は、夫婦に例えると理解されやすいのかもしれない。付き合っているときは会話があるし、楽しいけれど、夫婦になると、自然と会話がなくなっていく。それでもお互いになにを考え、どうしてほしいかは、なんとなく通じ合っている。夫の仕草ひとつで、妻がお茶を出す。私と荒木は、それに近い関係だったような気がする。よく、移籍してきた選手が連係プレーで新しいチームメイトと会話している光景を見ると、「なつかしいなぁ」と思っていた。逆に言えば、会話がなくなるくらいの関係にならないといけないのかもしれない。

現役時代、年々会話は減っていったが、2人とも現役を引退した今になって、本書のような機会を設けていただくことがたびたびある。「あのときは、どんな思いでプレーしていたのか」「指導者として、どんなことを考えているのか」などと語り合えるのは、とても楽しい。

登用してくれた恩人・星野仙一監督が怖くなかった理由

プロでは様々な監督のもとで野球をやってきた。星野仙一さん、山田久志さん（元阪急ブレーブス、元中日監督）、落合博満さん、高木守道さん。14年の巨人移籍後は、原辰徳《たつのり》さん（元巨人、現巨人監督）。監督・選手の間柄でカウントすれば、落合さんの8年間が最長だった。

1人ひとりに野球観に違いがあり、それぞれに恩義と思い出がある。

とくに、最初にレギュラーとして登用してくれた星野さんには感謝してもしきれない。99年にリーグ優勝した翌00年に、私は一軍に上がってレギュラーとして使われ始めた。優勝した次の年に、二軍の選手を開幕の早い時期から一軍で起用することなど、普通はありえない。もし、私が星野さんと同じ立場だったらできないし、考えられない。そんな選手をパッと使っていただいたことは、私にとって本当にありがたかった。

星野さんのことを「怖い人」と思っている人は多い。だが私は、星野さんに対してそんなイメージはまったくなかった。星野さん本人からも、こう言われたことがある。

「あいつのところでやっていたら、俺なんか怖くないだろう」

星野さんの言う「あいつ」とは、先述した私の堀越高校時代の恩師・桑原秀範さんだ。桑原さんは法政大学で田淵幸一《たぶちこういち》さん（元阪神・西武、元福岡ダイエー監督）と同期で、田淵さんと仲の良かった星野さんも、そのあたりの関係性をよく知っていた。あの星野さんが「あいつはすごい」と認めるほどだったのだから、やはり桑原さんは相当に怖かったのだろうなと、改めて感じる。

星野さんのもとでプレーした4年間で、もちろん怒られたことはあっただろうが、私の中では「怒られている」という感覚はなかった。確かに怒気《どき》をはらんだ口調で「怒っているな」という状態のときはわかる。

それでも、私は高校時代で免疫《めんえき》ができていたのか、強い口調でなにかを言われても、「やべぇ」とおびえるようなことはなかった。

やらされたのではなく、やらせてもらった落合博満監督のノック

落合さんは球史に残る大打者だったが、監督としてはオーソドックスな野球をやる印象が残っている。ベンチであまり動くイメージはなかった。

ただベンチからサインを出すだけではなく、選手に裁量を与えてくれることも特徴だっ

た。例えば、「ランナーを送ってほしいけど、バントにするかヒッティングにするか、やり方は任せる」というスタンス。最終判断を選手に任せてくれるところがあった。選手によっては、バントをしやすいピッチャーもいれば、厄介《やっかい》だなと感じるピッチャーもいる。そんな選手の感覚を優先してくれたのだろうと思っている。

選手主導の部分とベンチ主導の部分が相まって、うまくアクセントができていたのかもしれない。打席に入る前に、落合さんから「なんかやるか？」と聞かれることもあった。状況に応じて、どの作戦を選択するか。そんなコミュニケーションはうまくできていた。

落合さんと言えば、私や荒木がキャンプ中に大量のノックを受けることが恒例行事になっていた。落合さんからどんな意図でノックをやっていたのか説明はなかったが、私なりに解釈していることがある。

まず、1年間を戦ううえで必要な体力作りという要素があった。その目的を果たすために、ノックという練習メニューを選択したのだろう。あとはノックを受け続ける中で、「いかに足を使って捕るか」という練習はできた。落合さんのノックは、あまり球足が速いわけではない。緩《ゆる》く、捕りやすい打球だった。こうした部分がプラスα《アルファ》になって、技術の向上へとつながっていった。

最初はノックを受けるにしても、「守備がもっとうまくなりたいから」という思いはあまりなかった。だが、守備がうまくなるにつれて、バッティングにも生きてくることに気づいてから、率先《そっせん》して「やらなきゃいけない」と思うようになった。

落合さんに「やらされていた」のではなく、こちらが「やらせてもらっていた」という感覚だった。そもそも肉体的にキツかったり、体調が悪かったりすれば、途中でやめてもいいのだから。本数も選手に任されていた。

ノックを受ける日は、バッティング練習が終わったあと、様々なメニューを飛ばして14時くらいから、ぶっ続け。本来は練習後にランニングメニューが組まれるのだが、ノックが入った日は運動量が多いので、必要なかった。トレーニングコーチも、「それだけノックをやったら、ランニング以上に走っているから、ストレッチやトレーニングにあてたほうがいい」と言ってくれていた。もし、「走れ」と言われていたら、正直言って、体がパンクしていたことだろう。このあたりは、監督・コーチ陣で連携がとれていて助かった。

高木守道監督との「造反事件」の真相

20年1月に高木守道さんが亡くなられた。世間的なイメージでは、私が「造反」したと思われた件がいまだに残っているのかもしれない。伝わっていない部分も多いので、その内幕を改めて語っておきたい。

13年5月14日、ナゴヤドームでの北海道日本ハム戦。4対3でリードした7回表、2アウト二塁から、稲葉篤紀さんがセンター前にヒットを放《はな》った。このとき、センターから強い返球が返ってこず、ストライクではあったけれど、ゴロに近い弱いボールになった。結果的にランナーの生還《せいかん》を許して、同点に追いつかれた。もし内野手がカットに入っていれば、アウトにできたかもしれないプレーだった。

3アウトになり、私がベンチに戻ると高木さんから「なんでカットに入らないんだ？」と、指摘を受けた。私は、「ファーストじゃないですか？」と答えた。あの場面、センターからのバックホームで中継に入るのは、ファーストが基本で、ショートの私に言うのはお門《かど》違いだと思ったからだ。しかし、ファーストは同年に加入したばかりのマット・クラーク。このとき、クラークはカットに入っていなかった。

すると、高木さんはなおも「ファーストがカットに入っていないなら、入るのがプロじゃないか」と言う。そこで私も「はい」と言っておけば良かったのかもしれないが、「高木さんも二遊間をやっていたのなら、入れないのはわかるでしょう」と言い返してしまった。その言葉を聞いた高木さんは、「なにぃ～！」と激昂《げきこう》してしまった。

実は、私が言い返したのには、こんないきさつがある。高木さんは監督就任時に、選手たちに向けて、こんなことを言っていた。

「お前らはおとなしいから、監督に食ってかかるくらいで、ちょうどいいんだ。みんな俺になにか意見があるなら、どんどん言ってこい。ケンカになったっていいんだから」

そんな前段があったからこそ言い返したのだが、高木さんを怒らせてしまった。私も納得がいかなかったので、「だったら、まずファーストに言ってくださいよ」と訴《うった》えた。

まずファーストに注意して、ファーストがカットに入れないと言うのなら、そのときはショートかセカンドが気づいたら行く。そんな決め事ができれば、まだ納得できる。実際、タイロン・ウッズが在籍していたときなどは、そうしていたのだ。

だが、ファーストになにも言わずに、ショートの私に「なんで入らないんだ」と言うのは、筋が違うと感じた。

結局、試合後にコーチ陣にうながされるまま、監督室の高木さんに謝りに行った。だが、意外にも高木さんはケロッとしていた。

「いいんだよ。俺なんか、試合中に監督に怒って帰ったことだってあるんだから。たいしたことねぇよ、お前のは」

冷や汗はかいたものの、これだけ熱くなるということは、野球とチームに本気で向き合っていた監督だった証《あかし》だろう。改めて、ご冥福《めいふく》をお祈りいたします。

プロで生き抜く術《すべ》を学んだ2人のアドバイス

現役時代、天啓《てんけい》に打たれるようなアドバイスを授かったことが2度あった。その2人の言葉で、私のプレーは劇的に変わった。

守備面では、投手の今中慎二《いまなかしんじ》さん（元中日）からかけられた言葉が印象深い。今中さんは93年に沢村賞を受賞するなど、リーグを代表する左腕だった。

今中さんがマウンドに立ったある試合で、三遊間に飛んだ強烈なゴロをショートの私は横っ飛びで止めた。だが、送球は間に合わずに、打者走者をアウトにできなかった。今中さんに「すみません」と謝ると、意外な言葉が返ってきた。

「お前、ケガするぞ。あんな打球止めたって、セーフなんだからな」

その言葉を聞いて、「ああ、そういうことか」と腑《ふ》に落ちた。強烈な当たりを止めたところで、一塁でセーフになるなら、エラーもヒットも同じようなもの。それだけでなく、ケガを負うリスクだってある。プロである以上、なにはともあれアウトにする選択をしなければいけないが、セーフとわかっているなら、無理に飛び込む必要はないのだ。プロ野球というものを、少し理解できたような気がした。

今中さんのなにげないひと言から、私のプレーは変わった。学生時代はなんでもかんでも「止めろ」と言われていたが、プロの場合、「ヒットは捕らなくていい」。そう思えるようになってから、逆にプレーがシンプルになった。

もちろん、ランナー二塁の場面など、無理にでも止めにいかないといけない状況もある。そして通常は、あくまでアウトにするプレーを選ばないといけない。だが、失点もなく、単なるヒットにしかならない打球に、むやみに飛び込むことはしなくなった。このことを意識しなければ、どこかで大ケガをして、私の野球人生は短命に終わっていたかもしれない。

打撃面に関しては、直接言われたわけではないが、落合博満さんの言葉がヒントになった。

ある試合、無死一塁の場面で、私はサードにいい当たりを放《はな》ったがダブルプレーになってしまったことがあった。次の日の新聞を読むと、落合さんのコメントで、「井端のサードゴロのダブルプレーが、唯一《ゆいいつ》の収穫だった」とある。まるで禅問答《ぜんもんどう》のように、いろいろと考えさせられた。

自分なりに考えて、落合さんの真意をはかってみた。そして、私は今まで逆方向（ライト方向）一本やりに打っていたが、ときには引っ張ることも大切なのではないか、という考えに行き着いた。レフトからライトまで広角に打っていくことによって、相手チームはより考える要素が増え、そのことで結果的にヒットになる確率も高まっていく。

落合さんにしてみれば、「もしノーアウトのランナーを確実に進めてほしいときはベンチからサインを出すから、ノーサインのときは広角に打っていいよ」というメッセージも込めていたと思う。右打ち一辺倒では、相手バッテリーは攻めやすくなる。だから、「引っ張り」という選択肢《せんたくし》も相手に見せていかないと、右打ちもしづらくなる。

それ以降は、いろんなバリエーションがある中で、どれを選択するかを考えて打席に入るようになった。「ここは絶対に右打ち」なのか、「引っ張ってもいい」なのか。ランナーが一塁にいるときは、ダブルプレーになる危険性が高いセンター方向に打つことは考えない。右か左か、1球1球、打席の中で変えることもあった。相手バッテリーの裏をかくことも楽しみの1つになり、駆け引きする幅が広がった。

そういう考えに至ってからは、落合さんから特別になにか言われることはなくなった。ベンチに戻ってきた私に「良かった」と声をかけてくれたことはあったので、あくまで自分の解釈でしかないが、落合さんの真意をある程度理解できたと思っている。

私は普段から、ベンチで監督に近い席に座っていた。サインプレーの多い2番を打たせてもらう以上、監督の意図をわかっていないといけないからだ。今のプレーは良かったのか、悪かったのか。不安に思ったときは、「あれで良かったですか？」と聞くようにしていた。監督から、「こういうのもあるぞ」と提案してもらうこともあった。

落合博満監督に仕《つか》えた8年間(2004〜11年)で、リーグ優勝4回、日本一1回を達成した。

野球には様々な局面があり、数多くのピッチャーと対戦する機会がある。「引っ張ってもいい」という選択肢が加わったことで、私の野球はより自由になり、より深い駆け引きができるようになったのだった。

ミスしても即座に気持ちを切り替える「7秒ルール」

かつて、荒木からも指摘されたが、私は「気持ちを切り替えるのがうまい」と言われることが多い。自分にとってどんなにマイナスなことが起きても、違う方面からとらえてポジティブな方向に持っていく。そんな思考は、高校時代に形成された。

堀越高校の桑原秀範監督はよく、「人間は7秒で変われる」と言っていた。ミスをしても7秒もあれば十分だと言われ、気持ちを切り替えるよう訓練させられたのだ。

内心、「そんなの無理だよ」と思いながらも、無理やり別の方向に持っていく。その能力、考え方は高校時代に身についた。

7秒たって「変わりました」と言っても、監督から「いや、変わってねぇ」と言われることもあった。しっかりと理由を説明しなければと、「こういう理由で変わりました」と補足する。そんなやりとりを繰り返したことが、その後の人生に生きたのかもしれない。変えろと言われているうちに、本当に変わっていったのだ。

野球は、ミスがつきもののスポーツである。だから、ミスしたあとが大事だし、初回にミスしてしょんぼりしていたら、一日が台なしになりかねない。たとえ1打席目に失敗したとしても、すぐに切り替えられなければ勝負にならないのだ。高校時代にこの訓練をさせてもらえたことは、私の野球人生にとって大きかったと思う。

心身ともにタフなプロの世界で1年間戦うにあたって、ときには反省しなければならない日もある。だが、試合が終わって日付けが変われば、また新しい試合がやってくる。私は反省すべきことはその日のうちにすませて、次の日には絶対に持ち込まないようにしていた。

それにしても、いまだにわからないのは、なぜ「7秒」だったのか？　その時間の根拠は不明なままだが、それくらいがちょうどいいということだったのかもしれない。

「小銭稼《こぜにかせ》ぎ」のはずがゴールデングラブ賞常連に

もともと、私は「タイトルを獲《と》りたい」とか、「2000本安打を打ちたい」というような高い志《こころざし》を持つことなく、プロに入ってきた。レギュラーなんておこがましくて、はなから思ってもみなかった。

正直に白状するなら、「プロで小銭《こぜに》を稼《かせ》げればいいかな」くらいの気持ちだった。入団してすぐのころ、年俸が1000万円いかないくらいの時期に、「ずっと一軍にいたら、どれくらいお金がもらえるのかな」と考えたことがある。当時は一軍にいれば、みんな2000万くらいはもらえていた。

「月に200万くらいもらえればいいねぇ。それ以上はいらないな」

その程度の意識だった。一軍にはいたいけれど、試合には出たくない。プレッシャーのかかる場所に放《ほう》り込まれたくない。そんな低い志で若手時代をすごしていたのだ。

あとになって聞いたら、若手時代の荒木も同じようなものだったそうだ。そんな意識の低い2人が、こんなに長くプロの二遊間を守り続けるのだからわからないものだ。

とはいえ、プロ2年目を終えて「もうあとがない」と思ってからは、目の色を変えて打ち込んだ。さらに3年目に一軍で使ってもらえるようになって、一度稼いでしまうともう年俸を落としたくないし、もっと欲しいと思うようになる。7年目の04年に初めてゴールデングラブ賞を受賞したことも、「もう誰にも渡したくない」と努力する原動力になった。

最初から高い志を持っていなくても、どこかで目が見開かれる瞬間が訪《おとず》れるかもしれない。読者のみなさんの人生にとって、1つの希望にしてもらえたら幸いだ。

ARAIBA

荒木雅博の野球道

~アラキの軌跡、成長の理由、恩師、若手への指導論~

漠然《ばくぜん》と入ったプロで、23年もプレーできた理由

私は1995年秋のドラフト会議で中日に1位指名を受け、プロに進んだ。

ドラフト1位といっても、福留孝介（中日など7球団が競合した中で当たりクジを引いた近鉄の指名を拒否し、日本生命入り。98年オフのドラフトで中日から改めて1位指名を受け、入団）、原俊介《しゅんすけ》（元巨人）と、クジを相次いで外したうえでの「外れ外れ1位」だ。

熊本工業高校では、下級生時はセカンド、最上級生になってショートでプレーしていた。プロで「ショートとして生きていきたい」という強い思いがあったかと言えば、答えはノーである。ショートというポジションに対して特別なこだわりはなく、「なんでもいいから試合に出たい」というくらい。あまりガツガツしたところのない、のちになんの教訓も残せない選手だったと反省している。だから、自分が名球界に入ることなんて、想像すらで

きなかった。もし私が、「何年かかっても技術を身につけて、プロで内野手として生き抜くつもりだった」などと言おうものなら、都合のいいあとづけでしかない。ありのままを書かせていただくと、「漠然《ばくぜん》と入ったプロ野球」だ。

漠然と入ったけれど、給料はもらっている。それならば、先の見えない、なにが正しいかもわからない、いつ終わるかもわからない世界で、今与えられたところで必死に頑張《がんば》っていこう。そうやってやってきた結果が、今なのだ。だから、格好いいことは1つもない。

プロに入る選手の志《こころざし》としては、かなり低い部類だったのだろう。若いころは、コーチからたくさん怒られた。率直《そっちょく》な思いを言わせてもらえれば、「僕、なんでここまで来られたんでしょうね？」という感じだ。高い目標を掲《かか》げて邁進《まいしん》している選手に対して、申し訳なくなってくる。ただ、漠然と「将来こうなりたい」というものだけを見すぎてしまうと、今やるべきことを見逃してしまうのかもしれない。中には私のように、「今、この時点で自分にできることはなんだろう？」と逆算して考えることが合う人だっているはず。はるか高いレベルを見て、「なにが足りないか」をぼんやりと考えるより、そのほうが自分のやるべきことがリアルにハッキリと見えるのだ。

思えば私の人生は、万事そんな思考で切り抜けてきたように思う。中学生の時点で「プロ野球選手になりたい」という思いが芽《め》生《ば》えたとき、私がやったことは野球の練習ではな

1995年秋のドラフト1位で、熊本工から中日入り(前列右)。星野仙一監督や同期とともに会見。

く、勉強だった。なぜ勉強かというと、こんな思考の流れがあった。プロに入るには甲子園に出たほうがいい。熊本からいちばん甲子園に出やすい高校は、熊本工業。でも、熊工には、今の自分の成績では入れない。それなら勉強しよう……という発想だ。普通なら素《す》振《ぶ》りやトレーニングに励《はげ》むものなのかもしれないが、私はまず目の前の勉強からスタートした。考え方の根本は、常に「今やるべきこと」という点に向けられているのかもしれない。

井端さんとの出会いと、若手時代の思い出

井端弘和さんと最初に出会った日のことは、実はまったく覚えていない。

井端さんは私がプロ入りした2年後に、亜細亜大学からドラフト5位で入団。プロ入りしたのは私のほうが2年早いが、井端さんは大卒なので、学年は2つ上だ。

最初の記憶は、98年の二軍の春季キャンプ中に、当時スイッチヒッターを始めたばかりの私を見たルーキーの井端さんが、「俺《おれ》もスイッチ始めようかなぁ……」とつぶやいたこと。これは今でも頭に残っている。私は当時、プロ3年目。前年に一軍で63試合に出場して、12盗塁と足がかりをつかんだが、そこから長いトンネルに入っていた。

スイッチヒッターに挑戦するも、一軍での出場はごくわずか。とはいえ、苦労と思った

ことはない。私の実力として、こんなものだろうと思っていた。

入団当時の井端さんの印象は、守備はうまいし、打撃もきっちりミートする。「こういう人がレギュラーを獲《と》るんだろうな」と、強く思った記憶がある。ショートとしてポジションがかぶった時期もあるが、そのときもライバル意識はなく、なにも考えていなかった。

私は特別にショートへのこだわりがあったわけではなく、内野だろうが外野だろうがどこでもいいから、試合に出られる場所をさがしていた。そもそも、こちらとしては、「プロでレギュラーになれる」なんて思ってもいないのだ。まわりのレベルに圧倒されたわけでもなく、自分の実力、現実を考えると、「こんなものだよな」という感じは抜けなかった。

二軍時代には井端さんと二遊間を組んだこともあったはずで、今にして思えば、「アライバコンビ」の誕生は二軍だったのだ。だが、当時の私は恥ずかしながら、なにもわかっていない状態で試合に出ていた。ただ、試合に出ている。それだけのこと。だから、井端さんとのプレーがやりやすかったとか、特別に記憶していることはない。覚えているのは、「プロは難しいことをやるんだなぁ……」と戸惑《とまど》っていたことくらいだ。

関係性が密《みつ》になったのは、お互いが一軍に定着してからだった。井端さんは入団3年目の2000年途中からショートのレギュラーを獲得して、私は翌01年に111試合に出場して初めて一軍選手と言える状況になった。同年は井端さんも初めて一軍でフル出場を果たして、規定打席に到達。この年から、「アライバコンビ」はスタートしたと言える。お互いに最初は自分のことで精一杯《せいいっぱい》だったから、なかなかプレー面について打ち合わせをすることもなかった。翌02年くらいから、お互いにコミュニケーションを濃くするようになった。

井端さんの感覚は、独特で面白かった。守備だけでなく、打撃についてもいろいろと教えてもらった。私は当時、一、二塁間にゴロを打つのが苦手で、進塁打を打とうとすると、だいたいセカンドゴロでダブルプレーになってしまっていた。そこで、井端さんに「一、二塁間を狙《ねら》おうと思っても、打てないんですよ」と相談すると、こんな答えが返ってきた。

「お前さ、一、二塁間を狙ってセカンドゴロになるんだったら、ファーストゴロを狙ったら、ちょうど一、二塁間に行くんじゃない？」

確かに……と納得した。こういう考え方を聞いていくうちに、私の頭の中で凝《こ》り固まった固定観念が徐々に消え、柔軟に考えられるようになっていったような気がする。

野球には、セオリーがある。だが、「このケースは基本こうすべきだけど、こういう考え方もあるよね」とセオリーに縛《しば》られることなく、そのときの状況に向き合えるようになった。それは井端さんから受けた影響の最たるもの。それまでは、「このときはこう」とガチガチに決めてプレーしていた。そんな融通《ゆうづう》のきかない選手だったから、なかなか結果が出なかったのだろう。私はどちらかと言えば現実主義者で、「自分ができることしかやらない」と、頭が固いところがあった。だが、井端さんの考えに触れる中でそれが解きほぐされ、どんどんシンプルになっていった気がする。井端さんに限らず、レギュラーで長くやれる選手は、難しいことを難しくやろうとしない。誰もが頭で考えたとおりにプレーできれば、みんなレギュラーになれているはず。それができないから、苦労しているのだ。

10年以上も二遊間コンビを続けられた理由

プロ野球の長い歴史を見ても、10年以上も二遊間を同じ顔ぶれでプレーした例はないようだ。なぜ、井端さんとこれほど長くできたのかと言えば、まず単純にお互いの年齢が近く、一軍デビューが同じような時期だったという要因がある。

私も井端さんも、お互いに野球選手としていちばん動けている時期にレギュラーになれたから、攻守とも相乗効果で刺激を受けて楽しかった。もちろん、いいことばかりではない。首脳陣から怒られるのは、いつも私と井端さん。2人とも4月〜5月にかけて、出だしはだいたい良くない。いつも、「2人が打てないから、勝てんのや」と文句を言われていたのだ。

だが、その後は2人でよく、「知るかぁ」なんてこぼしていた。「（シーズンが）終わったら、ちゃんと打ってるから」と。それでも、当時の首脳陣には感謝している。井端さんもそうだと思うが、高代延博さんには守備の基礎を作ってもらった。

高代さんの指導は、1つのことをとことんやらせるスタイル。例えば「グラブを早めに落とせ」と口に出せば、徹底して言い続けた。若いころはそれが煩《わずら》わしく感じることもあって、井端さんとよく愚痴を言い合った。だが、自分も現役生活を終えてみると、改めて高代さんのありがたみを感じる。私も指導者になって、「この子たちに今、どう思われてもいい」と思うようになった。陰《かげ》で文句を言われようが、ケチョンケチョンになじられようが、この子たちの将来にとってためになることをしてやりたい。それだけである。

高代さんは19年に阪神の二軍チーフコーチに就任した。私も同年は二軍コーチだったため、「どうやって指導しますか?」と質問させてもらった。指導者としてのアドバイスをいただいたこともあった。また、高代さんの「1つのことをやり続ける」という教えは、私の「1つのことをルーティンになるまで続ける」という考え方につながっていった。

お互いに故障をカバーし合って、守り続けた

プロ野球選手は長いシーズンの中で、ケガなく万全にプレーできる時期など、そうそうない。誰もが多かれ少なかれ、故障を抱《かか》えながらプレーしている。

私も井端さんもお互いにそういう時期もあったし、一緒に試合に出ていれば、「今日はどこかおかしいのかな」と、異変はすぐに気がついた。ただし、それをあえて聞くことはしなかった。ケガをしようがなにをしようが、プロは試合に出ている人間がレギュラーという厳しい現実があるからだ。井端さんなら痛かろうが結果を残すでしょうという目で見ていたし、実際に結果も出していた。そのあたりは、本当にすごいなと今でも思う。

ある年には、井端さんが肩を痛めていたときに、「(三振を奪ったあとなどの)ボール回しを飛ばしてくれ」と言われたりもした。逆に、私も肩を痛めた時期がけっこうあった。ピッチャーゴロのダブルプレーの際に、井端さんが「俺が入るよ」と言って入ってくれたこともあった。お互いに二遊間を守って、1、2番の打順だと、ダイビングやヘッドスライディングで肩を痛めることは不可避。私も井端さんも、痛みがあってもことさら口にすることはなかった。でも、お互いにわかっていた。毎日トレーナールームにいて、電気や超音波をかけていたのだから。井端さんにはその点でも、だいぶカバーしてもらっていた。

私の肩痛《かたつう》は、約10年も悩まされた。25~26歳から痛みがあり、痛み止めの注射を2週間に1回打ってもらい、鍼《はり》治療もしていた。

2週間の最後のほうは、痛み止めの効力も薄れて最悪だった。肩の痛みは、ものすごく頭に残る。投げようとしたときに、「ダメだ、痛い」と頭にピーンと蘇《よみがえ》ってくる。

私はイップスであるとともに、肩痛持ちでもあった。肩が痛くて、腕がなかなか前に出てこない。とはいえ、肩が痛いからイップスになったのか、イップスになったから肩が痛くなったのか、それはわからない。そんな肩痛も、33～34歳で水泳を始めたら、劇的に回復した。泳法はひたすらクロールで、肩甲骨《けんこうこつ》から回す意識で動かしていたら、ボールが今まで以上に遠くまで投げられるようになったのだ。

当時、監督だった谷繁元信さんから、「お前、なんでもっと早く水泳をやらなかったんだ」と言われた。まわりから見てもわかるほど、明らかに違ったのだろう。

四十肩、五十肩に悩まされている人も多いと思うが、肩は回したほうが良くなるはずだ。これを早くやっておけば、自分の野球人生はもっと変わったのに……と悔《くや》しかったが、それでも30歳を過ぎて肩の痛みから解放されただけでも、幸運だったとすべきだろう。

「井端さんに捨てられたら終わり」という危機感

井端さんは、私との関係を「夫婦関係」に例えてくれたようだ。

私もそういう相方でいたいと思い続けていた。井端さんが「なにかやりたい」と言う前に、こちらで動いておきたい。その思いは確かにあった。たとえ打ち合わせをしていなくても、そこまでやれて初めて一人前の仕事ができたのかなと考えていた。ただ、私からすると、「もう少し自分がしっかりと動けていたら、もっとできたかもしれない」という思いもある。

夫婦というと対等のように感じられるが、実際には、私が井端さんに食らいついていくという図式だった。とにかく「この人に突き放されたら、俺はもう終わりや」と、しがみついていくしかなかった。そんな危機感をずっといだいていたから、脱落することなく、井端さんと長く二遊間を組めたのかもしれない。

お互いにキャリアを重ねる中で、会話は自然と減っていった。別になにかがあったわけではない。井端さんからすれば、「もう荒木は育てたから、事細かく言うこともない」という配慮をしてくださったのだろう。私としても、ここまで知識を入れてもらったのだから、あまり聞きに行くのもどうか、という思いもあった。私自身に、レギュラーを何年も務める中でプライドが芽生えたこともある。その代わり、なにもせずにいたわけではなく、その後も絶えずチラチラとショートを見ながら、見よう見まねで学んだ。そういう関係性だったから、長いことできたという気がする。世間的には「不仲説」もささやかれているそうだが、私にとっては仲がいいとか悪いとか、そんな次元の関係性ではなかったと思っている。

お互いに現役を引退した今、本書のように再び井端さんとご一緒する機会も増えてきた。ごく自然な関係になってきたと思うが、私は現役時代からいつかそうなっていくのだろうと考えていた。お互いに引退して、また同じユニフォームを着ることだってあるかもしれない。もしなかったとしても、ゆくゆくは、現役時代のプレーの答え合わせをやっていくことになるのだろうな、と。そんな予感は密《ひそ》かにいだいていた。

井端さんはショートとして、私はセカンドとしてそれぞれに技術論を公開する以上に、2人が面と向かって野球について深い話をするのが、すごく楽しみだ。私と井端さんの1と1が合わさったら、選手時代と同様にすごいものができるのではないかという予感がある。

本書の企画も、「私1人の書籍であれば、やらない」と言っていた。井端さんとの共著という形で、井端さんが「やる」ということだったので、「それなら、やるやる！」とお答えした経緯がある。その意味で、この本が生まれるのはとても楽しみなことだ。

北京《ペキン》オリンピックで得た財産と後悔

06年の第1回WBCでは、日本代表候補に名前を挙げていただきながらも、体調の問題で辞退させていただくことになった。私のほかにも中日の選手の辞退が相次ぎ、一部では「落合博満監督が勝手にことわっていた」という噂《うわさ》が飛び交《か》ってしまったようだ。

だが、事実を言えば、本当に肩の状態が悪かったのだ。もともと悪かった右肩に加えて、このときは左肩も痛めていた。左腕が上がらず、ジャケットを着ることさえ難儀《なんぎ》していた。ほかの選手の事情は詳しくはわからないが、辞退した選手はみな体の不調があったはずだ。私が経験した国際舞台は、08年の北京《ペキン》オリンピックだけである。

オリンピックには行きたかったが、一方で、「もし試合に出ても、自分には結果は出せないだろう」という思いもあった。そもそも二遊間は、西岡剛《つよし》（元千葉ロッテ、ミネソタ・ツインズ、阪神。現在は、BCリーグの栃木ゴールデンブレーブスに在籍）と川﨑宗則《むねのり》（元福岡ソフトバンク、シアトル・マリナーズ、トロント・ブルージェイズなど。19年は、台湾・味全《ウェイチュアン》ドラゴンズに選手兼任客員コーチとして在籍）という、06年WBCで結果を残したレギュラー候補がいた。

私は「守りだったら、なんとかなる」という思いがあり、ファーストも外野も全部やるつもりで、代表に向かった。首脳陣としても、私への期待は高くなかったに違いない。なにしろ、最初に招集された際には、バッティング練習中に田淵幸一ヘッドコーチから、「荒木、ちょっとタイム計っておいて」と、ストップウオッチを渡されたくらいだったのだから。ところが、西岡も川﨑もケガをしてしまい、「行け」と命じられるがまま、私がセカンドを守ることになってしまった。正直に言って、私には荷が重いと感じた。

代表は独特の重圧があった。さらに私にとっては、恩師である星野仙一さんと再びユニフォームを着るという、別の緊張感もあった。これまで、だいたい変に緊張するときは失敗してきたのだが、このときはどういうわけかしっかりプレーができた。それは、今までの積み重ねが生きたのかもしれない。普段はめったに出ないホームランまで打ってしまった。「タイムキーパー」だった私が、終わってみれば結果を残せたのだから、不思議なものだ。

しかし、敗戦した準決勝の韓国戦は、非常に悔いが残る試合だった。2対1と1点リードで迎えた7回裏、ランナーを二塁に置いて藤川球児《きゅうじ》（阪神）が同点打を打たれた場面。セオリーどおりで守れば、セカンドはセンター前を警戒して二遊間を締めるべき場面だった。

だが、このときの私は、「このバッターは、一、二塁間に来そうだな」という直感があった。私は悩んだ末に、リスクを冒《おか》すことなく、無難な二遊間寄りを守った。

すると、案《あん》の定《じょう》と言うべきか、打球が一、二塁間に飛んで、私がダイビングで差し出したグラブのわずか先を抜けていった。この瞬間の映像は、いまだに頭に残っている。

もし中日での試合だったら、私は一、二塁間に寄っていただろう。これが、負けても次があるリーグ戦と、負けたら終わりのトーナメントの違いであり、「日の丸の重さ」なのだろう。あのとき私はどうすべきだったのかは、一生答えが出ないのかもしれない。

もし自分がコーチとして同じ舞台にいたとして、選手にどんなふうに声をかけてやるべきなのか。おそらく私は、「自分の思ったところに行け」と言うはずだ。最悪、裏目に出てその

北京オリンピックでは、国際大会特有のプレッシャーを感じながらも、ホームランを放《はな》った。

選手が叩《たた》かれそうになれば、「私がそうしていいと言った」と、責任をとりたいと考えている。

メダルは獲《と》れなかったが、終わってみれば、オリンピックは本当にいい経験になったし、楽しかった。ただし、「もう一度行け」と言われたら、全力でことわるだろう。日本に帰国してすぐ、私は胃潰瘍《いかいよう》になってしまった。それほどストレスに蝕《むしば》まれた戦いだったのだ。

「ここまでやれた」と満足するから、挫折《ざせつ》経験がない

野球人生でいちばんの挫折《ざせつ》はなにか?

そう聞かれると、困ってしまう。なぜなら、私は挫折をしたことがないからだ。

まず、「野球をやめたい」と思ったことが一度もない。もともと、そんなに高望みをするような選手ではなかった。現役生活の年数が増えれば増えるほど、「もうダメだ」と思うようなことがあったとしても、絶望より先に、「ここまでやれたんだ」という感慨《かんがい》が来た。

プロ1年目はほとんど試合に出られなかったが、2年目は代走などでそれなりに一軍の試合に出場できた。その時点で、「プロ野球でこれだけ出られたんだから」と思えた。3年目以降に二軍暮らしが続いても、「2年目を思えば、十分やれたな」と満足した。4年目以降、出場数が増えていっても、「プロでやれて、いい記念になった」という思いしかなかった。

私のこの考えを、「志が低い」ととらえる人もいるだろう。それも当然だと思う。だが、私は「ここまでやれた」と満足することを、ポジティブにとらえた。物事をどうとらえるかで、自分の立ち位置が決まる。私の場合は、人を憎むよりも感謝できる方向に持っていきたい。考え方次第で、そうとらえられるはずなのだ。これは野球に限らず、社会を生きるうえでも必要な考え方なのかもしれない。もちろん、私の考え方が肌に合う人の場合、という前提だが。

イップスに苦しんだことも、私にとっては、挫折には入らない。「自分の技術不足について、イップスをきっかけに見直せた」という思いが強いからだ。

イップスに苦しんでいる現役選手も多い。だが、できないものは隠したってしょうがない。今の選手は、イップスであることを認めようとしないところがある。「たまたまボールを握れませんでした」という雰囲気を出そうとする。失敗として本人が受け入れていないように感じるのだ。自分ができないということを受け入れて初めて、その課題に向き合えるのではないか。もちろん、それは簡単ではない。でも、受け入れないことには、その先には行けないのだ。

できなかったとき以上の技術を身につけられれば、必ず課題は克服できる。イップスもまたしかり。私は、「受け入れる」ことがいちばんの近道であると考えている。

未練と諦《てい》観《かん》が渦巻いた、男の引き際

野球をやめたいと思ったことがないと述べたが、現役引退時は、自分の中で「もうやめなければいけないな」と感じることはあった。若い選手の出場機会を自分が奪っているという罪悪感もあったが、衰《おとろ》えを隠せないまま現役を続けている自分にも納得できなかった。

「この動きなら、もうやめないといけないんじゃないか」

そう感じるプレーが増えていた。とはいえ、私としては代走だろうと守備固めだろうと、チームに空《あ》いているピースにはまれるなら、いつでも行きますよという姿勢でいた。

それでも、チームは若返りへと向かっていた。ドラフト1位で獲ってもらったのに5年間もなかなか芽が出なかった人間を、最終的に23年間も面倒を見てもらった。この球団のために今の自分ができることを考えたとき、やめるべきだろうという決断に至った。

確かに年齢とともに、動きは年々鈍っていった。「これは、以前なら捕れたな」と思うことは、年を追うごとに増えていった。ただ、打つことに関しては、まったく衰えを感じたことがなかった。もともと打撃に自信がなかったことも大きいのだろう。バットに当たれば、どこかに飛んでヒットになる。大きなことは望まず、それだけで良かったのだから。

だが、自分自身の存在価値を考えると、今まで捕れた打球が捕れなくなっていくことを重く感じずにはいられなかった。足に関しては、32歳くらいを過ぎたあたりからケガも多くなり、「キツいな……」と感じていた。それでもまだプロで速い部類には入るのだが、自分がやってきた水準の盗塁、走塁、守備範囲から比べると、「かなり落ちたな」と感じた。

そう考えると、プロ野球人生でいちばん悲しかったのは、自分の落ち込みを感じたことだったのかもしれない。「昔はできたな」と感じることが1度ならず、2度、3度と続くと、いよいよ認めざるをえなくなる。こうして私は、選手としてのユニフォームを脱ぐことになった。

シンプルな言葉で選手を動かす落合野球

アライバコンビを組ませてもらった時期のうち、04年~11年の8年間は落合博満監督のもとでプレーさせてもらった。8年間で、4度のリーグ優勝、1度の日本一。中日の球団史に残る一時代を築けたと思っている。

落合監督は、「答え」を出さない監督だ。選手が自分で気づいて、見つけなさいというスタイルだった。ただし、難しいことは言わず、簡単なことをシンプルな言葉で言う。例えば打撃なら、「真っ直《ます》ぐ立って、真っ直ぐ回れ」と、こともなげに言う。こちらは、「三冠王3回の人が、真っ直ぐ立って、真っ直ぐ回るだけのはずがない」と思ってしまう。でも、実際にそれで実績を残し、それしか言わない。私は野球選手としてそこまでの境地にはたどり着けなかったが、やり尽くしていくと、結局はシンプルなところに行き着くのだと思う。

私も現役を引退してから、あれこれと難しいことを言っても、結局はできないということに気づいた。落合監督の言葉にしても、「そのシンプルな言葉、根っから言っていないでしょう?」と疑ってかかって、あれこれ考えて、よけいな回り道をした可能性もある。そのシンプルな言葉どおりやっていれば、もっと早く成長できたのかもしれないのだ。

落合監督のもう1つの特徴は、新聞紙上で選手を批判することがない、「選手ファースト」の姿勢だったこと。私は現役時代、新聞をあまり読まなかった。それは自分自身のことを他者が評価していることが心情的に嫌《いや》だったからだ。ただ、落合監督がメディア相手に選手を批判しないということは聞いていた。ケガの情報も一切《いっさい》、表に出さなかった。

いろいろと振り返ってみると、面白い人だった。まず、言い訳をしない。メディアから批判されようが、なにも言わないのだ。例えば、レギュラーシーズンが終わったあとにクライマックスシリーズまでの期間で選手全員を登録抹消《まっしょう》したときは、各方面から一斉《いっせい》に叩《たた》かれた。だが、今やすべてのチームが落合監督のやり方にならっている。

引退特例でベンチ入りメンバーを1枠増やすことも、落合さんが監督時代に要望を出していた。新しいことを最初にやると、すぐに叩かれる。それでも、数年後にはみんなやっているることに変わっている。不思議だなと思わずにはいられなかった。おりに触れて、「この人は未来から来たのかな？」と感じることがあった。

監督退任後は13年10月から17年1月まで中日のGM（ゼネラルマネージャー）を務められたが、そのころに入団した選手がなかなか活躍できず、これも批判を浴びた。だが、ようやく阿部寿樹《とし き》、加藤匠馬といった選手たちが芽を出し始めている。

現役を引退する際、落合さんに報告すると、「よくやった。お前は褒《ほ》めてやる」と言われたのは印象深かった。現役時代の私が足を引きずろうが、肩が上がらなかろうが、「大丈夫か？」のひと言も言わなかった人なのに。

痛いかどうかは聞かない。聞かれるのは、「出れんの、出られんの？」だった。「行けます」と言えば、「じゃあ、行けば」と言う。プロフェッショナルに徹した監督だったのだろう。

二軍コーチとして若手選手に伝えたこと

私は18年限りで現役を引退し、翌19年は二軍内野守備・走塁コーチ、20年から一軍の内野守備・走塁コーチを務めている。19年は二軍コーチとして、発展途上の若い選手を中心に指導していた。繰り返し伝えていたことは、「その日の反省をその日のうちに」ということだった。ハッキリ言ってしまえば、その日のうちに解決できることなど少ない。だが、自分の問題点を把握《はあく》して、今後どうしていくべきかを考えることはできる。課題を一朝一夕《いっちょういっせき》に解決できなくても、絶えず意識し続けることが大事なのだ。

二軍という環境は、復習ができるところである。予習なく試合に出ていって、そこで課題が出てきて、その日のうちに課題を埋《う》めようと努力する。

ところが、一軍になると、今度は予習して試合に入っていかなければいけない。このピッチャーはこれだけの球種を持っているから、この球を狙《ねら》っていこう。このチームの外野手はこのくらいの肩だから、こんな打球なら二塁からホームに還《かえ》ってこよう。そうやって、あらかじめ考えておかなければならない。

復習するのが二軍、予習するのが一軍。だから二軍にいるあいだに、できる限り失敗をしておいてほしい。コーチ経験の浅い私が言うのもなんだが、今の選手たちは、「失敗をしたくない」という思いが強すぎるように見える。失敗を恐れるあまり、どうしても無難な方向へいってしまう。無難な野球をやっていたら、無難な野球選手のまま。突出した存在にはなれないのだ。失敗を恐れて無難なプレーをする選手を見ることが、コーチとしていちばんの苦行だった。

阿部寿樹&高橋周平《しゅうへい》のブレイクと罪悪感

19年、中日は阿部寿樹がセカンドのレギュラーに定着し、ブレイクした。129試合に出場して、打率2割9分1厘、7本塁打。二塁手として、失策数はわずか3。30歳になる年に、大きなターニングポイントを迎えた。もともと能力の高い選手だった。それだけに、19年シーズンが終わったときに、私は考え込んでしまった。「自分がもうちょっと早くやめていれば、阿部はもっと早く出られてたのかな」と。

試合に出していれば、阿部はあれくらいはやれていた選手だったのかもしれない。とはいえ、18年までの阿部は、セカンドとしての動きにまだ物足りなさもあった。だから、私の出番もまだあったのかもしれない。いずれにしても、後輩たちが伸びない理由は自分が長く現役をやりすぎたせいなのか……と考えることはある。

だから19年、阿部があういう形で出てきてくれて、うれしかった。その前年にも高橋周《しゅう》平《へい》が初めてセカンドで規定打席に達してくれて、私が引退する大きな要因になった。自分のあとに、初めてセカンドでレギュラーと呼べる選手が現れたのだから。「ああ、ここが俺のやめどきだな」と悟った。

高橋にしても、彼がプロ1年目の12年シーズンに打撃練習を見た際は驚かされたものだ。そんな逸材《いつざい》でも、プロでレギュラーを獲得したのは7年目だった。一軍レベルに順応するには、それだけ時間がかかるということなのだろう。

次代を担《にな》う選手が育ってきているとはいえ、今のレギュラー陣にもっと求めたい部分もある。阿部や高橋を含め、19年の中日内野陣は、無難にこなしすぎた印象がある。

失策数45個はセ・リーグ歴代最少タイで、守備率9割9分2厘はセ・リーグ新記録。一見すると見事な数字に思えるが、無難すぎて物足りなさを覚えるところもあった。というのも、全体的にポジショニングが前寄りでヒットゾーンが広くなっていたからだ。

エラー数は少なくても、ピッチャーが泣くような打球の抜け方をするシーンを何度も見た。私は二軍内野守備コーチだったから直接言うわけにはいかなかったが、「エラーをしてもいいから、どんどん捕りにいってほしい」と何度も思った。もっと投手陣に信頼される内野陣になってほしいのだ。

ショートの京田陽太にしても、もうひとこえどころか、ふたこえも、それ以上も期待している。まだまだこんなものではないはずだからだ。おそらく井端さんも、同じことを思っているだろう。今の京田を「うまい」と言ってもらっては困る。メディアはどうしても甘くなる分、身近に厳しく言える人間がいないと、本人の成長はないと感じている。

20年は無難な野球から、アグレッシブな野球へ

私は、20年から一軍内野守備・走塁コーチに就任した。

19年シーズンは与田剛監督が就任して、チーム全体を通していい兆《きざ》しもたくさん見えた年だった。それでもAクラスに入れなかったということは、まだ課題があるということだ。

19年は「大事に、大事に」という守備だったが、20年は次の段階に進んでほしいと考えている。19年の一軍内野守備コーチだった奈良原浩《ならはらひろし》さん（元西武・北海道日本ハム・中日、現東北楽天二軍監督）が基礎を作ってくださったが、おそらく奈良原さんにしても志なかばだったことだろう。まだ、「その先」があったはずなのだ。

事実、19年オフのあるパーティーで奈良原さんにお会いした際に、私はこうお聞きした。

「奈良原さん、もう1つ先がありますよね？」

すると、奈良原さんは、「おう、あるよ」と答えた。「それでは、私がその先をやります」と奈良原さんにお伝えした。基本的な部分は奈良原さんにしっかり教わっているだけに、もう初歩的なことを言う必要がないのはありがたい。だから20年は、無難にいくのではなく、エラー数が増えてもいいからもっと大胆に守ってみようと選手たちに伝えている。具体的

には、もう少し後ろを守ってみようということだ。

エラーが増え、チームの結果が出なかったとしたら、責任を取るのは内野守備コーチの私である。そもそも新記録を作るくらいエラーが少ないチームの守備を進化させようと言うのだから、大変だろうが、その分やりがいもある。

守備だけでなく、走塁に関しても無難なところが多く見られた。傍《はた》から見れば「失敗していない」ということになるため、叩かれない。だが、レギュラーとしての責任を全《まっと》うするなら、いくべきところはリスクを背負ってでも、いくべきなのだ。

勝負どころで無難になり、消極的になりすぎている分、1つ先の塁を奪えていない場面が19年はたくさんあった。こうした積み重ねが、年間143試合という長丁場を戦う中で、差としてあらわれてくる。

ワンヒットで、一塁走者が三塁まで進塁する。「あの打球で、三塁まで進まれてしまうんだ」という印象が相手に残れば、相手が勝手に意識してくれる。すると今度は、同じような打球が飛んだときに、あわててエラーしてくれることもある。こうやって細かい部分でジャブを打ち続けていれば、優勝を争うシーズン終盤に、いいことが起こるものなのだ。

守備、走塁ともに課題は多いだけに、選手に厳しいことを言うかもしれない。それでも、今のままではミスは少なくても、爆発的な力が出てくる感じはしない。見ているお客さんにとっても、無難な野球よりも、アグレッシブな野球のほうが楽しいはず。そんな魅力的な野球ができるようにサポートしていきたい。彼らならそれができると信じている。

期待の根尾昂は、「頭」の前に「体」を動かすべし

中日は18年秋のドラフト会議で、4球団の重複1位指名の末に大阪桐蔭《とういん》高校・根尾昂の交渉権を引き当てた。

ルーキーイヤーの19年は故障もあり、年間通してファームですごした。頭が良く、能力が高く、礼儀正しいと言われる選手でも、あくまでプロ1年目。失敗して当然なのだ。

失敗することは恥ずかしいことではない。スケールの大きな選手になるために、今のうちにたくさん失敗してほしいと思いながら、根尾を見ていた。守備位置にしても、「自分の思ったように守ってみてほしい」と根尾に伝えた。私が「なんであそこを守っていたの?」と聞いたときに、「こう思ったので、ここを守りました」と答えられれば、それでいいのだ。

その答えが間違っていてもいい。失敗をして初めて、自分の血肉《けつにく》になっていくのだから。失敗を恐れて無難なところを守り、なにも捕れなかった……ということは求めていない。これは根尾に限らず、二軍の選手みんなに言っていたことでもある。

そのうえで、根尾に強く言いたいのは、「まずは頭ではなく、体を動かそう」ということだ。根尾は誰が見てもいいものを持っているし、しっかりと体を動かして練習してくれている。だが、理論的に考えすぎているところが気になる。体を動かしてみて、考えるのは、そのあとでいい。頭ばかりで考えても、体がそのとおり動かせなければ、意味がないのだ。

もし、頭の中で考えたとおりに動かせるのなら、寝る間《ま》を惜しんでも考えるべきだ。だが、今まで私の野球人生を振り返っても、自分のイメージどおり完璧《かんぺき》に動けたことは、年間通して絶好調時の1回、2回あるかないか。そう考えると、遅かれ早かれ、体を動かさなきゃならない時期が来る。それを今のうちにやっておくと、ラクなのだ。

20年から、根尾は外野手としてもプレーすることになった。だが、決して内野手をあきらめたわけではないし、出場機会が広がるのだから悪いことではない。

私の現役時代と同じように、試合に出るためと考えれば、入り口はどこにでもあるのだ。それを見つけて、出番が増えれば、また内野の道だって拓《ひら》けてくるだろう。

そもそも、根尾はアマチュア時代に投手を中心にやってきて、プロで本格的にショートに取り組んだ選手なのだ。まわりが「できる」と持ち上げたところで、プロで通用するレベルのプレーができるわけない。それでも、高卒1年目として考えれば、十分な内容だった。

賢い選手だからこそ、調整できた部分もあるだろう。昨日できなかったことが、今日意

能力の高さは折り紙つきの根尾昂。試合に出るために、まずは頭ではなく、体を動かすこと。

識して練習してできるようになったことも、何回かあった。そんないいところもあるのだから、長所を生かして力を伸ばしていってもらいたい。

あれだけのスイングスピードの速さがあって、野球への取り組み方も真面目《まじめ》。根尾が楽しみな選手ということには変わりない。

同じセカンドだからわかる、菊池涼介のすごさ

今の日本球界を見て、最高の二遊間だと感じるのは、やはり広島の田中広輔、菊池涼介の「タナキクコンビ」だ。

菊池はここ2年くらい動きが少し鈍《にぶ》くはなっており、田中は19年に右ヒザの故障もあった。以前のほうがもっとすごかったという思いは残るものの、あのコンビはすごい。

とくに菊池に関しては、私など足元にも及ばないと感じている。メジャーリーグへの移籍を断念したが、守備に関しては十分にアメリカでも通用すると見ていた。

菊池と言えば、深いポジショニングが有名だ。深く守るだけなら、誰でも守れる。だが、並《なみ》のセカンドなら、前の打球をセーフにしてしまう。菊池は前へのダッシュ力があるから、あそこまで後ろに守れるのだ。私はあれほど深いポジショニングをとれなかった。

私には、ある密《ひそ》かなプライドがあった。土のグラウンドになると、相手のセカンドとポジショニングの深さを競《きそ》っていたのだ。

「俺はお前の足跡《あしあと》より、絶対に前には守らんぞ」

そう胸に誓って、相手チームのセカンドより深く守るようにしていた。

ところが、マツダスタジアムで広島と試合をした際、1回表の攻撃を終えて裏の守備につくと、セカンドのポジションに足跡が見当たらない。菊池は、ライト寄りの芝まで入って守っているからだ。

私も「先輩としてここに足跡をつけるわけにはいかん」と意地になって、無理やり、芝の上で守っていた。だが、その際は「前」にしか意識がなかった。

正直に白状すれば、当時から内心、菊池に対して「負けている」という思いはあった。試合中にランナーとして出塁した際に、「俺、ちょっと前に守るわ」と菊池に言った記憶もある。菊池は、「いやいや、全然いいですよ」と言っていた。

私もどちらかと言えば、前の打球が得意だった。だが、ボテボテの当たりでピッチャーが「打ち取った」と思った打球をセーフにしてしまうことが、いちばん嫌だった。だから、そこまで極端に深くは守らなかったのだが、菊池はあれだけ深く守りながら、しっかりとアウトにしていく。その守備範囲の広さには、同じセカンドとして脱帽するしかなかった。

アライバ対談

ARAIBA

後編

2人の野球総括&「次世代のアライバ」へ向けて…

監督・落合博満とアライバの練習量

「監督がやりたい野球を選手が見つけないといけない」▲井端
×
「どの監督になっても、結局は自分次第」▲荒木

井端　俺《おれ》たちが中日で一緒にプレーしていたころは星野仙一さん、山田久志さん、落合博満さん、高木守道さんと、4人の監督がいた。監督によってやりやすさはあった?

荒木　やりやすい、やりにくいというのは、どの監督に対してもあまり思ったことがないですね。「あの人だから良かった」とか、「あの人は嫌《いや》だった」とかはなくて。

井端　それは、俺も一緒だな。ただ、監督の考えをいち早く理解することは大事だとは考えていた。同じ野球という競技だけど、「監督がどういうスタイルの野球をしたいか?」を選手が自分で見つけ出さないといけない。そうすれば、我々のやるべきことがおのずと決まってくるから。「前の監督がそうだったから、次の監督もそうだろう」ではいけない。

荒木　それはそうですね。

井端　もちろん、監督とのコミュニケーションは必要だけど、自分でもさがさないと。自分の考えが合っているかわからなかったら、直接聞きに行けばいい。「あの場面であいう

バッティングで良かったんでしょうか？」と意見を求めれば、監督からのリアクションも返ってくる。それがないなら、全部フリーだから打てということ。ただし、それで効率良く点を取れるかと言えば、そんなわけがない。監督が「こういう野球をやる」というものを出さないと、選手は動けない。逆に、それがわかれば、選手は簡単に動ける。そこだけだよね。

荒木　まったくそのとおりだと思います。

井端　同じ監督が長くやればやるほど、その人のやりたい野球を理解できるようになっていく。新人が理解するのは難しいけど、キャリアを積んだレギュラーならば、いち早く感じ取ってプレーに落とし込んでいかないと。ただ打てばいい、走ればいいというものではないから。

荒木　僕たちが最も長く仕《つか》えた監督は、8年間指揮を執《と》った落合さんでしたね。落合さんは、僕ら選手がやりたいようにやっておけば、あとはどこかに組み込んでくれるイメージ。簡単に言えば、自分の長所を出しておけば、大丈夫だと思っていました。

井端　野球としては、オーソドックスだったよな。ひんぱんに動くわけでもなく、選手に任せる部分もあったしね。俺たちのヒットエンドランも、そうだし。打席前に監督から、「なんかやるか？」と聞かれたりもした。コミュニケーションはとれていたと思う。

荒木　「落合監督時代の中日は、練習量が多かった」とメディアによく載《の》るので、現役コーチとしては複雑なんですけど（笑）。確かに、練習量は多かったでしょうけどね。

井端　正直に言うと、俺と荒木は多かったと思う。だけど、ほかのやつらを見ていたら、練習の合間《あいま》に遊んでいる時間があったもんね。

荒木　そうなんですよ、休んでましたよね。

井端　バッティング練習が終わった。さあ、自分でやらないといけない時間なのに、スパイクを磨いたり、椅子《いす》に座って、くっちゃべって……というのに30分くらい費やしたり。それで、「じゃあ、バッティングでもやるか」と、また出ていく。キャンプの練習は班ごとのローテーションだから、俺や荒木の班がほかの班のメニューに追いついちゃったりとか。「まだグラウンドにいるの？　じゃあ、室内練習場に行くか」ということがよくあったな。

荒木　う～ん、ありましたねぇ。

井端　俺たち2人は、どちらかというとせっかちで、パッ、パッと練習をしていきたい。

荒木　1つ終わったら、早く次の練習に行きたかったですね。

井端　たぶん荒木も、練習が終わって、反省して、寝る前に「明日は、これとこれをやって帰ろう」と決めてグラウンドに来ているから、早いんだと思う。それを考えていない選手だと、「まだあいつがこれをやっているなら、自分もやろうか」と時間だけが過ぎていく。長くやったから、「いっぱい練習させられた」ということになるかもしれない。

荒木　どの監督が来ても、自分がどうするかによって練習量が多くなることも少なくする

 こともできる。結局は、自分次第ですよね。

井端 自分のやりたいことをわかっていれば、人の目を気にすることもない。自信を持って帰れるわけで。たとえ監督やコーチに「なんだお前、もう帰るのか?」と言われても、「はい」で終わらせられる。そういう感覚がない選手はいたね。今もよく見るけど。

荒木 そこなんですよね。落合さんの時代はやっぱりインパクトが強くて、あのころは練習量が多かったと言われがちなんですけど。

井端 落合さん以外のときだって、けっこう練習やったよね? そんなに「やらされている」という感じはなかった。まあ、ノックは多かったけど。

荒木 多かったですね。でも、やらされてはないですよね。僕らでやりたいからやっていたし。

井端 山田久志監督のときも、高代延博さんがコーチにいてハードだったし、若手時代だって仁村徹《にむらとおる》さん（元中日、千葉ロッテ）が二軍監督で（他球団の指導なども経て、現職も同じ）、キツかった。肉体的には、どの監督だから厳しい、という差はほとんどなかったと思う。

荒木 ないですよね。

井端 でも、坂道のランニングはキツかったよな……。

荒木 ああ、あったあった(笑)。

井端 沖縄で坂道を走らされて、腰が砕《くだ》けそうになる。練習の中で唯一《ゆいいつ》嫌だったよ。別に走るのが嫌というのではなく、あの坂道を走りたくないというだけだった。

荒木　あれは嫌でしたね。

井端　ムーンビーチの近く。角度のついた坂を登って、5メートルくらい平坦《へいたん》になって。

荒木　一瞬ね。

井端　そこからまた急坂になるんだけど、その平坦なところがいらないんだよ（笑）。

荒木　逆に（笑）。

井端　平坦部分で、体の力が抜けてラクになったと思ったら、すぐさまキツくなって……。あの練習は、俺はいちばん嫌だったな。

荒木　思い出すだけでも嫌ですね（笑）。

守備・走塁コーチとして伝えるべきこと

「頭でつかちではなく、もっと体を動かしてほしい」▲荒木

×

「守備は一度身についてしまえば、修正できる」▲井端

井端　俺が今の荒木に聞いてみたいと思ったのは、コーチになってどんなことを教えているかということ。今の若い選手に対して、思うところはある？

荒木　最近はスマートフォンで動画が見られたり、球団からタブレットPCが支給されたりして、自分の守備やバッティングの動画がチェックできるんで便利になりました。自球団、他球団を問わず、いい選手はこうやっているということがわかりやすくなりましたね。

井端　俺もそれは、巨人のコーチ時代によく活用していたよ。

荒木　でも、僕はもう少し体を動かしてもいいんじゃないかなと思うんです。例えば、「坂本勇人選手がこうやって打っているから、こう打とう」と練習して、最初は打てても、必ず壁が来る。坂本選手は振って振って、土台を作って、その形になったわけだから。「その形にすれば、打てる」というほど簡単なものじゃないでしょう?

井端　うんうん。

荒木　どちらかと言えば、今の選手は頭でっかちの選手が多いような気がします。すべてを頭の中で考えて、やっていこうと。逆に、体を動かすだけ動かして、あとになって理論をくっつけてしまえばいいのに、と思うことがあります。「もっと体を動かしてほしい」というのは、いちばん思うことです。

井端　なるほどね。俺は、今の選手に対して「100%、打つことしか頭にないな」ということは感じるかな。

荒木　あぁ、はいはい。

井端　それでも悪くはないんだけど、いくら打てたって、エラーをポロポロしていれば、正直言って使いたくはないわけだから。とくに若い選手に対して言いたいのは、「一軍の試合でも、自信を持って守れるように早くなってほしい」ということ。守備は一度身についてしまえば、多少形が崩《くず》れてもすぐに修正できるから。

荒木　バッティングはそうはいかないですものね。

井端　たぶん、バッティングは引退するまで考えるものだよね。でも、守備はやめるまで考えていたら、その選手は間違いなく早い段階でユニフォームを脱ぐことになるし、レギュラーにはなれない。だから、まずなにをするべきかといったら、守備をやってほしい。

荒木　一軍への入り口が、みんな打つこと。打って一軍に上がろうとしていますよね。

井端　今、高校生がプロに入ってきても、打つことしか頭にないように感じるんだよ。でも、プロの世界には守備固めもいれば、代走で生きていく人間もいるわけで。逆に、守備と足で優位性のある選手のほうが、レギュラーになる確率は高いと思う。

荒木　確かに、代走であれ守備固めであれ、一軍への入り口はいろいろとあるのに、打つことでしか上がろうとしない選手が多いですよね。もっと考えれば、もっと簡単に一軍に定着できるのにな……と思うところはあります。

井端　俺も荒木も内野守備・走塁コーチの立場だから、よけいに思うことだろうけどね。

バッティングよりも守備力を上げたほうがレギュラーに早く近づく、という考えは一致した。

荒木　これはちょっと口にしづらい部分もあるかもしれないですけど、ＯＢとして、井端さんは今のドラゴンズをどう感じていますか？

井端　うーん……。こうすればいいのに、と個人的に思うところはあるんだけど、簡単に言えば、「勝ち方を忘れちゃったのかな？」というか。

荒木　はい。

井端　勝っているときって、「今日も勝った」というのは試合の途中から感じるものじゃないよね。「これをやっておけば、このまま勝てるな」という感覚だと思うんだよ。

荒木　なるほど、わかります。

井端　でも、今の中日を見ていても、わからない。急に逆転することもあれば、急に崩れて負けることもある。現場でしかわからない部分もあるとは思うのだけど。バッターで言えば、点を取るのにもうひと工夫が欲しいかな。さっきも言ったように、一塁より二塁、二塁より三塁と、ランナーを進められるか。全員がヒットを打ちにいっていて、それだけになっている印象がある。

荒木　それは僕も気になっています。走塁なら1つ先の塁に行けたはずなのに行っていないとか、行かなくていいときに行ってアウトになって試合終了になるとか。無駄なところが多すぎる。「もっと失敗していいから」と言うと、本当にすごい失敗をしてしまう（笑）。

そこはもうちょっと考えながら、野球の頭を鍛《きた》えていかないといけない。

井端　ヒットが出て、ダブルプレーがあって、次に3本ヒットが続いたけど、無得点。そんなシーンを見たこともあった。ヒットが4本出ても1点も入らない可能性だってあるのが野球。どんな好打者でも7割は凡打するのだから、もうちょっと凡打の内容を考えていったら、もっと点が入っていたと思う。

荒木　いや、本当に全部、井端さんが言われたとおりなんです。

井端　まあ、あくまでも俺が思ったことだからね。あとは荒木内野守備・走塁コーチが変えてくれるんじゃないかなと思います(笑)。

荒木　僕が変えようとしても、結局は選手が変わらなければ同じで。ミーティングしてどうこうというレベルじゃなくて、選手と個別に話しているときに、彼らの野球観に少しでもいい影響を与えられるように会話をしていきたいと思っているんです。ノックを打つのは、どのチームでもやっていること。僕が1人のコーチとしてなにができるかというと、選手と話しながら伝えていくことではないかと考えています。

井端　この先のドラゴンズの野球を楽しみにしているよ。

荒木　ありがとうございます。走塁1つとっても、チーム成績に及ぼす影響は大きいですからね。走塁で負ける試合が年間5試合あったら、それを全部ひっくり返せば、「借金5」

が「貯金5」になる。これは大きなことですから。打つ、守るだけに頭を持っていきすぎないように、違うところでも点を取れるんだよ、ということを指導していきたいです。

アライバが意識した二遊間コンビ

「譲れないんだよ、ゴールデングラブ賞は」▲井端 × 「組んでみたいショートは大橋穣《ゆたか》さん」▲荒木

井端　荒木の中で、「他球団のこの二遊間が良かった」と思うコンビはいた？

荒木　最初、井端さんとそういう話をしていましたよね？「誰と誰には負けたくない」みたいな話。あのとき、誰って言っていたかなぁ。当時、目立っていた選手というと……。

井端　巨人の仁志敏久《にしとしひさ》さん（のちに横浜などにも在籍）、二岡智宏《におかともひろ》（のちに北海道日本ハムにも在籍。現巨人三軍総合コーチ）だったかな。

荒木　そうでしたっけ？　でも、誰かは覚えていないんですけど、2人で二遊間を守り始めて、早い段階で話した記憶はありますね。僕の思い違いかもしれないけど、井端さんに「せっかくやっていくんだったら、2人でやっぱり結果を残していこうよ」ということを言われて。それは今でも覚えていますからね。

井端 ゴールデングラブ賞は獲《と》りたいと思っていた？

荒木 獲れるまでは、そうでもなかったんですけどね。

井端 そう！ 獲ったら不思議なもので、これだけは誰にも渡したくないって思った。ベストナインも獲ったけど、そんな気持ちにならなかったのにな。ほかの賞はわからないけど。

荒木 盗塁王も1回獲れましたけど、正直言って「もういいか」となってしまいました。

井端 ゴールデングラブ賞だけは、1回獲ったらもう譲るのが嫌なんだよ。

荒木 ベストナインのほうが格としては上なんでしょうけど、確かに僕もその思いでしたね。それ以外は、もういいやと。

井端 譲れないんだよね。ゴールデングラブ賞は。

荒木 最初に獲ったときはうれしかったですねぇ。守備で売っていこうとしている中で、認めてもらえたということですし。

井端 現役の二遊間コンビで、いいぞという選手はいる？

荒木 やっぱり、広島の菊池涼介、田中広輔ですか。

井端 コンビの年数でいったら、現役選手の中でいちばん長い。俺も、2人の息がいちばん合っているのは菊池と田中かなと思う。でも、あとはそんなに……。

荒木 二遊間が固定されていないところが多いですよね。

現役の二遊間では、広島の「タナキク」こと田中広輔と菊池涼介のコンビが熟成しつつある。

井端 二遊間の一方が長く固定されていても、もう片方はそうでないとか。また、固定されていても、年数が1～2年しかたっていないとか。長くやっているのは、菊池、田中だけかな。

荒木 それだけ、長く二遊間で居続けるということは難しいんでしょうね。

井端 今の現役選手の中で、二遊間を組んでみたいショートはいる？

荒木 これを言ってしまっていいのかわからないけど、いないですねぇ……。井端さんは誰とセカンドを組みたいですか？

井端 俺は……いないねぇ……（笑）。

荒木 そうですか（笑）。

井端 まあ、ちょっと思ったのは、セカンド・高木守道さんのプレーって、見たことないじゃん？

荒木 はい。

井端 みんな「高木さんはうまかった」と言うけど、見てみたいし、実際に自分とショート、セカンドで組んでみたら、どうだったのかなと。あと、ショートなら吉田義男さん（元阪神、元阪神・フランス代表監督など）とか。

荒木 確かに、見てみたいですよね。

井端 むしろ昔のほうが名手と言われる人は多いし、映像だってほとんど残っていない。だから、興味はあるな。

荒木　その流れで言うと、自分なら、ショートは大橋穣《ゆたか》さん（元東映フライヤーズ・阪急）ですかね。現役時代の高い守備力と強肩で知られていて、僕たちが若いころにドラゴンズの二軍でヘッドコーチや監督として指導されていた方ですが、もし実際に組んでみたら、どれだけ肩が強かったのか見たかったです。

井端　「肩が強い」と言われても、わからない。イメージできないもんね。「今のほうが強い人いるんじゃないの？」と思ってしまうけど。

荒木　そういうことを想像するだけでも、面白いですけどね。

アライバが意識した1番&2番打者コンビ

「2人で阪神の1、2番の盗塁数を上回りたかった」▲井端
×
「甲子園でやるのは、初回から嫌でした」▲荒木

荒木　現役時代に、「この1、2番バッターに注目していた」というコンビは誰かいます？

井端　これは、俺から言わせてもらってもいい？

荒木　たぶん、僕も一緒だと思います（笑）。

井端　これは阪神だよな、やっぱり。赤星憲広、鳥谷敬とか、今岡誠《いまおかまこと》（現登録名：真訪《まこと》）

さん（のちに千葉ロッテにも在籍。現千葉ロッテ二軍監督）と、赤星という時期もあった。赤星には、盗塁で勝てなかったからね。

荒木 勝てなかったです。

井端 だから、俺と荒木の2人で阪神の1、2番の数を上回ればいいだろうと、俺も頑張《がんば》ったし。ちょうど阪神が強かったというのもある。あそこの1、2番には意識したね。

荒木 2番を関本賢太郎《けんたろう》が打つときもありましたね。

井端 とくに赤星だよな。いやらしかった。

荒木 ほんと、そう。甲子園でやるのは、初回から嫌でしたもん。

井端 塁に出ただけであれだけ野手にプレッシャーがかかるということは、ピッチャーにも相当かかったと思う。そこだけは意識していた。

荒木 あれって、僕らだけじゃないですよね。シゲ（谷繁元信）さんもだいぶ意識していましたから。赤星さんが盗塁したら、メチャメチャ気合い入れて、投げていましたよね。

井端 そうそう。それに、阪神は3番以降にも金本知憲《かねもとともあき》さん（元広島・阪神、元阪神監督）や新井貴浩（元広島・阪神）とか、いいバッターがいた。だから苦しかったし、意識した。

荒木 厄介《やっかい》でしたよね。

井端 荒木はどうなの。意識した他球団の1、2番は？　一緒？

荒木　一緒です(笑)。井端さんなら、赤星さんは絶対に入ってくるだろうと思っていました。

井端　あそこだけはムキになっていたよね。

荒木　なっていましたね。とくに甲子園で赤星さんを迎える雰囲気が嫌だったんです。ナゴヤドームなら人工芝なので、そこまでもないんですけど、土の球場で赤星さんが打席に入ると、意識してしまいましたね。ちなみに、現役の1、2番ならどうですか?

井端　埼玉西武の秋山翔吾、源田壮亮は良かったけど、秋山がメジャーに行った今は、うーん……。

荒木　そうですね……、けっこう入れ替わっていますね。

井端　あんまり固定されていないのかな。

荒木　2番があまりバントしない時代になってきてから、固定されなくなってきた気がします。昔なら、巨人から中日に移籍してきた川相昌弘さんのような、バントも守りもうまい選手が出てこなくなりましたよね。だから、2番は固定されないんじゃないかなと。

井端　それだけクリーンアップが強力なチームが少ない、ということかもしれない。バントで送ったところでそんなに点が入らず、むしろビッグチャンスを作ろうという風潮になっている。広島が16年から3連覇した時期も、今は巨人にいる丸佳浩や、鈴木誠也といった打者がクリーンアップにいたから、菊池の送りバントが生きていた。

荒木　そういうことですよね。

「アライバ」になりたい人へのメッセージ

「まずは、相手のプレーをよく見て、相手のことを考えること」▲井端

「1、2番で、タイプがまったく逆というのも面白い」▲荒木

荒木 もし、「アライバを目指したい人」がいたら、井端さんはどんなアドバイスをしますか？

井端 うーん……。まずは、一緒にいることかな。俺たちは、けっこう一緒にいたよね？

荒木 ええ、ノックもずっと一緒に受けていたから、「この体勢だったら、こうしよう」とか、いっぱい話をしましたね。

井端 それで、俺は荒木の、荒木は俺のプレーをよく見ていたしね。

荒木 見ていました。

井端 守備練習のときも、相手が受けているときをチラッと見て、「ああ、こういう動きなのか」と把握《はあく》していた。まずは相手をよく見ること。

荒木 相手のことをよく知ったら、今度はそこへ自分が合わせていく。

井端 なにをするにしても自分主導ではなく、相手のことを考える。「ここに投げたら、相手は次の動作に移りやすくなって、もっと早く投げられるんじゃないか」とか、こっちが

探《さぐ》ってやるのが大事。相手の様子を見ながら、試行錯誤していく。もちろん、相手もやりやすいかはわからないから、最後は「こっちのほうがいい？」と確認はとる。

荒木　自己中心的にならないことですよね。自分がこれでいいと思っていても、相手が違うと思えば、確認作業は必要だし。とにかく一緒に練習して、監督やコーチに教えられる前にお互いに言い合ったりして。どんな話でもいいと思うんですよね。守備位置でもいいし。

井端　攻撃面はどうかな。

荒木　僕が井端さんに言ったのは、「すみません、初球から行きます！」ということだけ（笑）。

井端　あくまで、そこは調和だよ。守りもそうだし、攻撃もそう。例えば、初球から打ちにいく打者が続く打線だったら、相手は怖《こわ》くない。ベンチだって、「こいつら、なにやってんだ？」となる。でも、我々２人はそうはなっていなかったと思う。

荒木　井端さんがカバーしてくれていましたから。

井端　かといって、俺は決して初球から振りにいかないわけじゃない。そこにバリエーションが生まれて、駆け引きができる。「今日はあえて打たないけど、３連戦の３戦目に荒木が１打席目の初球を打ったら、俺もここぞとばかりに打ってやろう」とか。１番が初球からどんどん振りにいくなら、２番が打席でバリエーションを作ればいいだけのこと。

荒木　そう言ってもらえると、助かります。

井端　だから、荒木が初球を打って凡打でも、俺は全然文句はなかった。それで俺がヒットを打てばいいだけの話だから。荒木にヒットを打ちやすくしてもらったこともあれば、逆に打ちにくくされた部分もあったかもしれないけど。

荒木　それは否定できません(笑)。

井端　でも、それはなんとも思っていないよ。だって、トータルの結果が良かったんだから。

荒木　優勝もたくさんできましたしね。僕も1番、2番で同じタイプじゃないほうがいいんじゃないかと思います。打順ってそのためにあって、いろんな選手がいていいと思うので。「1、2番で、タイプがまったく逆というのも面白いな」と、いつも思っていました。

井端　というわけで、今回はこんなところで締めようかな。今日はありがとう。

荒木　こちらこそ、ありがとうございました。いやぁ、楽しい一日でした！

おわりに

荒木雅博

本書を最初から最後までご覧いただいた読者には伝わったと思うが、私は人に誇れるような志《こころざし》があったわけでも、特別な技術を持っていたわけでもない。様々な方のお力添《ちからぞ》えのおかげで、ここまで野球人として歩んでこられたと思っている。

その中でも、井端弘和さんは大恩人だ。「アライバコンビ」などともてはやされても、私の中で井端さんと対等だと思えたことなど一度もなく、常に「この人に捨てられたら終わり」という危機感をいだいていた。そんな井端さんと本書の制作を通して、現役時代の「答え合わせ」ができたことは、今後の野球人生でまた大きな財産になることだろう。

井端さんと対談中に言葉を交《か》わす中で、私は不思議な感覚に包まれた。久しぶりに野球についてじっくり語り合ったというのに、つい先日まで同じユニフォームを着てプレーした者同士のような、通じ合う空気感があったのだ。それは、ただただ楽しい時間だった。そして、改めて井端弘和という野球人の偉大さも痛感させられた。

私が指導しているドラゴンズの現役選手をはじめ、1人でも多くの野球人がこの本からなんらかのヒントをつかんでもらえたらうれしいと思っている。

本書の制作にあたっては、様々な方のご尽力《じんりょく》をいただいた。改めて御礼申し上げたい。

井端弘和

実を言えば、現役時代は「アライバコンビ」と呼ばれることに対して、あまりピンときていなかった。お互いにベテランになって連係が洗練されていくにつれ、会話も減り、私は荒木を気にかけることなく、自分のプレーに集中できていたからだ。

だが、久しぶりに荒木とじっくり語り合う中で、不思議と「やりやすいな」という実感が湧《わ》いてきた。また、今回の共著を通して、荒木と考え方やフィーリングが合致することが驚くほど多かった。やはり、「アライバ」は特別なものだったのだろう。

私と荒木がともにプレーした中日ドラゴンズは、２０１３年から19年まで7年連続Ｂクラスと低迷が続いている。だが、荒木ならきっと内野守備・走塁コーチとしてチームをいい方向に導いてくれるはずと信じている。

20年は、多くの方々にとって我慢を強《し》いられる厳しい年となった。本書の存在が、微力ながら野球ファンの楽しみの１つになり、また日本野球界の発展の一助になれば幸いだ。

なお、本書の制作にあたっては、中日球団や、廣済堂出版、編集スタッフなど関係者のみなさまに、多大なご協力をいただいた。そして、本書を最後までご覧いただいた読者の方々に、厚く御礼を申し上げる。

巻末付録 アライバ時代の二遊間 全球団比較リスト セ・リーグ編

＊二塁手、遊撃手として、チームでいちばん多く先発出場した選手

ヤクルト 遊撃	ヤクルト 二塁	巨人 遊撃	巨人 二塁	中日 遊撃	中日 二塁	年度	
宮本慎也 64／8番	辻　発彦 102／3番	川相昌弘 121／2番(ゴ)	元木大介 71／7番	鳥越裕介 53／2番	立浪和義 130／3番(ベ)(ゴ)	1996	荒木入団
宮本慎也 108／8番(ゴ)	辻　発彦 60／2番	川相昌弘 113／2番	仁志敏久 101／1番	鳥越裕介 74／2番	立浪和義 132／3番(ゴ)	1997	
宮本慎也 108／8番	土橋勝征 100／3番	川相昌弘 70／7番	仁志敏久 77／1番	久慈照嘉 67／2番	立浪和義 47／3番	1998	井端入団
宮本慎也 131／2番(ゴ)	馬場敏史 53／8番	二岡智宏 117／7番	仁志敏久 120／1番(ゴ)	福留孝介 103／2番	立浪和義 110／5番	1999	
宮本慎也 136／8番(ゴ)	土橋勝征 91／2番	二岡智宏 79／7番	仁志敏久 132／1番(ゴ)	福留孝介 75／3番	立浪和義 115／5番	2000	
宮本慎也 125／2番(ゴ)	土橋勝征 137／8番	元木大介 72／7番	仁志敏久 139／1番(ゴ)	井端弘和 131／2番	立浪和義 92／3番、5番	2001	
宮本慎也 114／2番(ゴ)	城石憲之 52／8番	二岡智宏 94／2番	仁志敏久 97／7番(ゴ)	井端弘和 134／1番(ベ)	荒木雅博 76／2番	2002	
宮本慎也 140／2番(ゴ)	土橋勝征 80／8番	二岡智宏 140／2番(ベ)	仁志敏久 63／7番、8番	井端弘和 99／2番	荒木雅博 114／8番	2003	
宮本慎也 89／2番	土橋勝征 96／8番	二岡智宏 90／7番	仁志敏久 137／1番	井端弘和 138／2番(ベ)(ゴ)	荒木雅博 138／1番(ベ)(ゴ)	2004	
宮本慎也 135／2番	城石憲之 79／7番	二岡智宏 139／2番	仁志敏久 128／1番	井端弘和 145／2番(ベ)(ゴ)	荒木雅博 145／1番(ベ)(ゴ)	2005	
宮本慎也 72／7番	ラロッカ 96／5番	二岡智宏 144／3番	小坂　誠 57／2番	井端弘和 146／2番(ベ)(ゴ)	荒木雅博 101／1番(ベ)(ゴ)	2006	
宮本慎也 129／6番	田中浩康 126／2番(ベ)	二岡智宏 138／5番	木村拓也 77／7番	井端弘和 144／1番(ベ)(ゴ)	荒木雅博 111／2番(ゴ)(盗)	2007	
宮本慎也 57／2番	田中浩康 143／6番	坂本勇人 143／8番	木村拓也 82／2番	井端弘和 106／2番(ゴ)	荒木雅博 130／1番(ゴ)	2008	
川島慶三 116／8番	田中浩康 126／2番	坂本勇人 141／1番(ベ)	脇谷亮太 44／8番	井端弘和 144／1番(ゴ)	荒木雅博 140／2番(ゴ)	2009	
藤本敦士 56／7番	田中浩康 140／2番	坂本勇人 144／1番	脇谷亮太 69／8番	荒木雅博 133／1番	堂上直倫 81／7番	2010	
川端慎吾 109／3番	田中浩康 139／2番	坂本勇人 141／1番	藤村大介 106／2番(盗)	荒木雅博 124／1番	井端弘和 98／2番	2011	
川端慎吾 81／5番	田中浩康 137／2番(ベ)(ゴ)	坂本勇人 143／3番(ベ)(安)	藤村大介 63／2番	井端弘和 140／5番(ゴ)	荒木雅博 129／2番	2012	
森岡良介 72／7番	山田哲人 89／1番	坂本勇人 136／3番	寺内崇幸 59／8番	井端弘和 90／2番	荒木雅博 87／2番	2013	
森岡良介 68／2番	山田哲人 143／1番(ベ)(安)	坂本勇人 139／3番	片岡治大 113／2番	エルナンデス 68／3番	荒木雅博 107／2番	2014	井端移籍
大引啓次 89／6番	山田哲人 143/3番(ベ)Ⓜ(本)(出)(盗)	坂本勇人 130／3番	片岡治大 97／2番	エルナンデス 97／6番	亀澤恭平 79／2番	2015	井端引退
大引啓次 88／1番	山田哲人 133／3番(ベ)(盗)	坂本勇人 131/3番(ベ)(ゴ)(首)(出)	クルーズ 71／5番	堂上直倫 124／7番	荒木雅博 72／2番	2016	
大引啓次 75／6番	山田哲人 143／3番	坂本勇人 141／3番(ゴ)	マギー 60／2番	京田陽太 134／1番(新)	荒木雅博 59／2番	2017	
西浦直亨 119／7番	山田哲人 138／3番(ベ)(盗)	坂本勇人 107／1番(ベ)	吉川尚輝 67／2番	京田陽太 140／2番	高橋周平 95／6番	2018	荒木引退
奥村展征 51／8番	山田哲人 140／3番(ベ)	坂本勇人 141/2番(ベ)(ゴ)Ⓜ	若林晃弘 57／6番	京田陽太 133／2番	阿部寿樹 114／6番	2019	参考

＊選手名の下の数字は、当該ポジションで先発出場した試合数。右は、先発でいちばん多かった打順（ほかのポジションでの先発も含む）。
(ベ)＝ベストナイン、(ゴ)＝ゴールデングラブ賞、Ⓜ＝MVP（最優秀選手）、(首)＝首位打者、(本)＝本塁打王、(打)＝打点王、
(安)＝最多安打、(出)＝最高出塁率、(盗)＝盗塁王、(新)＝新人王

	年度	広島 遊撃	広島 二塁	阪神 遊撃	阪神 二塁	横浜(2011年まで)→DeNA(12年以降) 遊撃	横浜(2011年まで)→DeNA(12年以降) 二塁
荒木入団	1996	野村謙二郎 120／3番 (ベ)	正田耕三 123／2番	久慈照嘉 130／2番	和田 豊 60／1番	石井琢朗 128／1番	R《ロバート》・ローズ 88／3番
	1997	野村謙二郎 129／1番	正田耕三 85／7番	久慈照嘉 110／2番	和田 豊 86／1番	石井琢朗 130／1番 (ベ)	R《ロバート》・ローズ 129／4番 (ベ)(出)
井端入団	1998	野村謙二郎 130／1番	正田耕三 86／2番	今岡 誠 121／2番	和田 豊 113／6番	石井琢朗 133/1番 (ベ)(ゴ)(安)(盗)	R《ロバート》・ローズ 123／4番 (ベ)(ゴ)
	1999	ディアス 70／7番	東出輝裕 61／2番	今岡 誠 104／6番	和田 豊 60／2番	石井琢朗 129／1番 (ベ)(盗)	R《ロバート》・ローズ 133/4番(ベ)(首)(打)(安)
	2000	東出輝裕 112／2番	木村拓也 102／1番	田中秀太 91／8番	平尾博司 49／2番	石井琢朗 134／1番 (ベ)(盗)	R《ロバート》・ローズ 135／4番 (ベ)(安)
	2001	東出輝裕 139／2番	ディアス 113／3番 (ベ)	沖原佳典 62／8番	今岡 誠 58／6番 上坂太一郎 58／1番	石井琢朗 140／1番 (ベ)(安)	ドスター 93／7番
	2002	東出輝裕 100／2番	ディアス 82／3番	田中秀太 40／2番	今岡 誠 120／1番 (ベ)	石井琢朗 140／1番 (ベ)(安)	種田 仁 102／2番
	2003	シーツ 136／4番	木村拓也 107／2番	藤本敦士 124／8番	今岡 誠 117/1番 (ベ)(ゴ)(首)	石井琢朗 114／2番	村田修一 61／6番
	2004	シーツ 134／4番	ラロッカ 78／3番 (ベ)(出)	藤本敦士 93／8番	今岡 誠 130／3番	石井琢朗 128／1番	内川聖一 80／2番
	2005	山﨑浩司 67／2番	木村拓也 58／2番	鳥谷 敬 146／2番	藤本敦士 92／8番	石井琢朗 146／1番	種田 仁 145／6番
	2006	梵 英心 93／2番 (新)	東出輝裕 117／1番	鳥谷 敬 146／6番	藤本敦士 116／8番	石井琢朗 146／1番	内川聖一 61／6番
	2007	梵 英心 132／1番	東出輝裕 116／2番	鳥谷 敬 141／1番	関本健太郎 104／8番	石井琢朗 96／2番	仁志敏久 135／1番
	2008	梵 英心 79／7番	東出輝裕 130／1番 (ベ)	鳥谷 敬 144／6番 (ベ)	平野恵一 80／2番	石井琢朗 73／7番	仁志敏久 119／2番
	2009	梵 英心 61／1番	東出輝裕 139／1番 (ベ)	鳥谷 敬 144／3番	平野恵一 63／1番、2番	石川雄洋 123／7番	藤田一也 69／2番
	2010	梵 英心 144／2番 (ゴ)(盗)	東出輝裕 107／1番	鳥谷 敬 140／3番 (ベ)	平野恵一 117／2番 (ベ)(ゴ)	石川雄洋 119／2番	カスティーヨ 114／6番
	2011	木村昇吾 84／2番	東出輝裕 135／1番	鳥谷 敬 135/3番 (ベ)(ゴ)(出)	平野恵一 80／2番 (ベ)(ゴ)	石川雄洋 122／1番	渡辺直人 93／7番
	2012	梵 英心 136／3番	東出輝裕 56／2番	鳥谷 敬 144／3番	平野恵一 93／1番、2番	梶谷隆幸 63／7番	石川雄洋 64／2番
	2013	梵 英心 105／6番	菊池涼介 137／2番 (ゴ)	鳥谷 敬 144／3番 (ベ)(ゴ)	西岡 剛 108／1番 (ベ)	梶谷隆幸 60／2番	石川雄洋 75／1番
井端移籍	2014	梵 英心 50／6番	菊池涼介 144／2番 (ゴ)	鳥谷 敬 144／3番 (ベ)(ゴ)	上本博紀 128／1番	山崎憲晴 87／2番	石川雄洋 101／1番
井端引退	2015	田中広輔 141／7番	菊池涼介 143／2番 (ゴ)	鳥谷 敬 143／1番 (ベ)(ゴ)	上本博紀 103／2番	倉本寿彦 65／7番	石川雄洋 83／1番
	2016	田中広輔 143／1番	菊池涼介 141／2番 (ゴ)(安)	鳥谷 敬 100／6番	西岡 剛 45／7番	倉本寿彦 138／6番	石川雄洋 73／2番
	2017	田中広輔 143/1番 (ベ)(出)(盗)	菊池涼介 136／2番 (ベ)(ゴ)	北條史也 57／7番	上本博紀 116／2番	倉本寿彦 143／9番	柴田竜拓 47／2番
荒木引退	2018	田中広輔 143／1番 (ゴ)	菊池涼介 138／2番 (ゴ)	植田 海 55／2番	糸原健斗 104／1番	大和 102／1番	倉本寿彦 48／6番
参考	2019	田中広輔 82／8番	菊池涼介 137／2番 (ゴ)	木浪聖也 88／8番	糸原健斗 116／2番	大和 123／8番	ソト 52/3番(ベ)(外)(本)(出)

※2019年、ソト(DeNA)は外野手でベストナイン受賞

巻末付録 アライバ時代の二遊間 全球団比較リスト パ・リーグ編

＊二塁手、遊撃手として、チームでいちばん多く先発出場した選手

ロッテ		近鉄（2004年まで）		日本ハム		年度	
遊撃	二塁	遊撃	二塁	遊撃	二塁		
堀幸一 95／3番	南渕時高 123／2番	吉田剛 73／9番	水口栄二 66／2番	田中幸雄 130／3番 (ベ)(ゴ)	金子誠 106／2番 (新)	1996	荒木入団
小坂誠 135／2番 (新)	堀幸一 94／1番	武藤孝司 104／1番	水口栄二 101／2番	田中幸雄 133／1番	金子誠 132／2番	1997	
小坂誠 121／2番 (盗)	フランコ 60／3番 (ベ)	武藤孝司 94／9番	水口栄二 111／2番	奈良原浩 79／2番	金子誠 108／1番 (ゴ)	1998	井端入団
小坂誠 128／2番 (ゴ)	堀幸一 104／3番	吉田剛 59／2番	高須洋介 98／9番	田中幸雄 120／5番	金子誠 119／9番 (ベ)(ゴ)	1999	
小坂誠 135／9番 (ゴ)(盗)	酒井忠晴 70／2番	武藤孝司 80／8番	水口栄二 111／2番	田中幸雄 84／7番	金子誠 105／9番	2000	
小坂誠 140／1番 (ゴ)	酒井忠晴 104／9番	前田忠節 57／9番	水口栄二 110／2番	奈良原浩 76／2番	金子誠 140／7番	2001	
小坂誠 92／1番	堀幸一 81／1番	阿部真宏 106／8番	水口栄二 84／2番	金子誠 82／1番	木元邦之 37／7番 奈良原浩 37／2番	2002	
小坂誠 134／1番	堀幸一 82／4番	阿部真宏 111／8番	水口栄二 83／2番	金子誠 107／9番	奈良原浩 68／2番	2003	
小坂誠 82／9番	堀幸一 109／2番	阿部真宏 112／8番	水口栄二 107／2番	金子誠 99／9番	木元邦之 97／6番	2004	
		楽天（2005年以降）					
小坂誠 82／1番 (ゴ)	堀幸一 86／2番 (ベ)	沖原佳典 64／2番	高須洋介 72／2番	金子誠 64／8番	木元邦之 114／2番	2005	
西岡剛 110／1番 (盗)	堀幸一 69／2番	沖原佳典 47／8番	高須洋介 96／2番	金子誠 122／9番	田中賢介 99／2番 (ベ)(ゴ)	2006	
TSUYOSHI 124／1番 (ベ)(ゴ)	オーティズ 60／5番	渡辺直人 110／1番	高須洋介 124／2番	金子誠 130／9番	田中賢介 143／2番 (ベ)(ゴ)	2007	
西岡剛 112／1番	根元俊一 68／2番	渡辺直人 126／1番	高須洋介 93／2番	金子誠 96／9番	田中賢介 144／3番 (ゴ)	2008	
西岡剛 114／1番	井口資仁 102／4番	渡辺直人 116／1番	高須洋介 53／2番	金子誠 135／9番 (ゴ)	田中賢介 143／1番 (ベ)(ゴ)	2009	
西岡剛 144／1番 (ベ)(ゴ)(首)(安)	井口資仁 143／4番	渡辺直人 105／9番	高須洋介 100／2番	金子誠 77／9番	田中賢介 143／1番 (ベ)(ゴ)	2010	
根元俊一 37／9番	井口資仁 140／3番	松井稼頭央 134／1番	内村賢介 77／2番	金子誠 79／9番	スケールズ 62／1番	2011	
根元俊一 132／2番	井口資仁 128／3番	松井稼頭央 102／3番	銀次 71／2番	金子誠 102／9番	田中賢介 114／1番、3番 (ベ)	2012	
鈴木大地 120／7番 (ベ)	根元俊一 101／1番	松井稼頭央 123／7番	藤田一也 123／2番 (ベ)(ゴ)	大引啓次 120／2番	中島卓也 58／9番	2013	
鈴木大地 99／2番	クルーズ 62／7番	西田哲朗 94／7番	藤田一也 135／2番 (ベ)(ゴ)	大引啓次 122／6番	中島卓也 89／2番	2014	井端移籍
鈴木大地 137／7番	クルーズ 121／5番 (ゴ)	後藤光尊 63／6番	藤田一也 88／2番	中島卓也 143／2番 (ベ)(盗)	田中賢介 123／3番 (ベ)	2015	井端引退
鈴木大地 132／6番 (ベ)	ナバーロ 80／5番	茂木栄五郎 114／6番	藤田一也 108／8番 (ゴ)	中島卓也 143／9番	田中賢介 142／5番	2016	
三木亮 62／8番	鈴木大地 143／5番 (ゴ)	茂木栄五郎 85／1番	銀次 80／5番	中島卓也 87／9番	田中賢介 50／6番	2017	
藤岡裕大 139／2番	中村奨吾 143／3番 (ゴ)	茂木栄五郎 97／2番	藤田一也 63／2番	中島卓也 126／9番	渡邉諒 54／7番	2018	荒木引退
藤岡裕大 76／9番	中村奨吾 133／3番	茂木栄五郎 119／1番	浅村栄斗 136／3番 (ベ)(ゴ)	中島卓也 91／9番	渡邉諒 131／6番	2019	参考

＊選手名の下の数字は、当該ポジションで先発出場した試合数。右は、先発でいちばん多かった打順（ほかのポジションでの先発も含む）。
(ベ)＝ベストナイン、(ゴ)＝ゴールデングラブ賞、(M)＝MVP（最優秀選手）、(首)＝首位打者、(本)＝本塁打王、(打)＝打点王、
(安)＝最多安打、(出)＝最高出塁率、(盗)＝盗塁王、(新)＝新人王

	年度	ダイエー(2004年まで)→ソフトバンク(05年以降)		オリックス		西武	
		遊撃	二塁	遊撃	二塁	遊撃	二塁
荒木入団	1996	浜名千広 130／2番	小久保裕紀 121／4番 (ベ)	小川博文 94／7番	大島公一 84／2番 (ベ)(ゴ)	松井稼頭央 130／9番	奈良原 浩 53／2番
	1997	浜名千広 69／2番	小久保裕紀 106／4番 (ベ)(打)	小川博文 87／6番	大島公一 96／2番 (ゴ)	松井稼頭央 135/1番 (ベ)(ゴ)(盗)	高木浩之 83／9番
井端入団	1998	井口忠仁 122／8番	浜名千広 91／2番	小川博文 75／7番	大島公一 57／2番 田口 壮 57／1番	松井稼頭央 134/1番 (ベ)(ゴ)(M)(盗)	高木浩之 69／7番、9番
	1999	井口忠仁 102／3番	浜名千広 76／2番	小川博文 74／1番	田口 壮 76／1番	松井稼頭央 135/3番 (ベ)(盗)	高木浩之 79／9番
	2000	鳥越裕介 68／9番	本間 満 52／8番	塩崎 真 122／9番	大島公一 115／2番 (ベ)(ゴ)	松井稼頭央 134／3番 (ベ)	玉野宏昌 43／9番
	2001	鳥越裕介 103／9番	井口資仁 139/3番 (ベ)(ゴ)(盗)	塩崎 真 115／1番	大島公一 114／2番	松井稼頭央 117／3番 (ベ)	高木浩之 45／8番
	2002	鳥越裕介 112／9番	井口資仁 112／3番	塩崎 真 100／2番	大島公一 106／2番	松井稼頭央 139/1番 (ベ)(ゴ)(安)	高木浩之 121／9番 (ベ)(ゴ)
	2003	鳥越裕介 82／9番	井口資仁 132/3番 (ベ)(ゴ)(盗)	後藤光尊 64／9番	オーティズ 102／5番	松井稼頭央 137／1番 (ベ)(ゴ)	高木浩之 108／9番
	2004	川﨑宗則 130/2番 (ベ)(ゴ)(安)(盗)	井口資仁 123／3番 (ベ)(ゴ)	後藤光尊 45／6番	平野恵一 63／9番	中島裕之 133／7番	高木浩之 85／9番
	2005	川﨑宗則 102／2番	J《ホルベルト》・カブレラ 64／7番	平野恵一 96／2番	阿部真宏 95／8番	中島裕之 109／7番	石井義人 70／6番
	2006	川﨑宗則 114／2番 (ベ)(ゴ)	本間 満 73／7番	後藤光尊 56／5番	塩崎 真 49／6番	中島裕之 99／3番	片岡易之 67／2番
	2007	川﨑宗則 94／2番	本多雄一 139／2番	大引啓次 118／8番	阿部真宏 61／2番	中島裕之 140／3番	片岡易之 106／2番 (盗)
	2008	川﨑宗則 98／2番	本多雄一 104／1番	大引啓次 82／9番	後藤光尊 89／6番	中島裕之 122/3番 (ベ)(ゴ)(出)	片岡易之 126／1番 (ベ)(安)(盗)
	2009	川﨑宗則 143／2番	本多雄一 137／1番	大引啓次 101／2番	後藤光尊 53／5番	中島裕之 144/3番 (ベ)(ゴ)(出)	片岡易之 138／1番 (盗)
	2010	川﨑宗則 144／1番	本多雄一 144／2番 (盗)	大引啓次 75／9番	後藤光尊 140／3番	中島裕之 129／3番	片岡易之 137／1番 (盗)
	2011	川﨑宗則 144／1番	本多雄一 144/2番 (ベ)(ゴ)(盗)	大引啓次 125／2番	後藤光尊 128／3番	中島裕之 144／3番 (ベ)(ゴ)	片岡易之 86／1番
	2012	今宮健太 84／8番	本多雄一 122／1番 (ゴ)	大引啓次 107／2番	後藤光尊 124／3番	中島裕之 134／3番 (ベ)(ゴ)	浅村栄斗 54／6番
	2013	今宮健太 142／2番 (ゴ)	本多雄一 105／2番	安達了一 106／2番	後藤光尊 67／7番	鬼﨑裕司 72／9番	片岡易之 66／2番
井端移籍	2014	今宮健太 133／2番 (ベ)(ゴ)	本多雄一 91／1番	安達了一 139／2番	平野恵一 104／1番	渡辺直人 78／2番	浅村栄斗 82／6番
井端引退	2015	今宮健太 144／8番 (ゴ)	明石健志 45／1番	安達了一 139／2番	西野真弘 42／1番	金子侑司 50／9番	浅村栄斗 141／3番
	2016	今宮健太 136／2番 (ゴ)	本多雄一 92／2番	安達了一 113／2番	西野真弘 140／1番	鬼﨑裕司 45／8番	浅村栄斗 140／5番 (ベ)
	2017	今宮健太 136／2番 (ベ)(ゴ)	川﨑宗則 34／1番	安達了一 92／8番	西野真弘 68／2番	源田壮亮 143／2番 (新)	浅村栄斗 137／3番 (ベ)
荒木引退	2018	今宮健太 96／2番	牧原大成 56／1番	安達了一 131／8番	福田周平 74／2番	源田壮亮 143／2番 (ベ)(ゴ)	浅村栄斗 142／3番 (ベ)(打)
参考	2019	今宮健太 104／2番	明石健志 62／1番	大城滉二 83／3番	福田周平 120／1番	源田壮亮 133／2番 (ベ)(ゴ)	外崎修汰 140／6番

※2005年、ロッテの西岡剛は、遊撃でベストナイン、二塁でゴールデングラブ賞を受賞。TSUYOSHI=西岡剛
※片岡易之=片岡治大、井口忠仁=井口資仁

アライバ時代の1・2番打者 全球団比較リスト セ・リーグ編

＊1番打者、2番打者として、チームでいちばん多く先発出場した選手

ヤクルト		巨人		中日		年度	
2 番	1 番	2 番	1 番	2 番	1 番		
稲葉篤紀 39／右翼	飯田哲也 80／中堅(ゴ)	川相昌弘 121／遊撃(ゴ)	仁志敏久 89／三塁(新)	鳥越裕介 48／遊撃	コールズ 115／三塁	1996	荒木入団
辻 発彦 51／二塁	飯田哲也 90／中堅(ゴ)	川相昌弘 106／遊撃	仁志敏久 56／二塁	鳥越裕介 54／遊撃	益田大介 88／中堅	1997	
真中 満 80／中堅	飯田哲也 48／中堅	清水隆行 94／左翼	仁志敏久 103／二塁	久慈照嘉 99／遊撃	李《イ》 鍾範《ジョンボム》 66／遊撃	1998	井端入団
宮本慎也 86／遊撃(ゴ)	真中 満 96／中堅	清水隆行 84／左翼	仁志敏久 120／二塁(ゴ)	福留孝介 50／遊撃	李《イ》 鍾範《ジョンボム》 59／左翼	1999	
土橋勝征 70／二塁	真中 満 91／中堅	清水隆行 90／左翼	仁志敏久 128／二塁(ゴ)	李 鍾範 33／左翼	関川浩一 65／中堅	2000	
宮本慎也 124／遊撃(ゴ)	真中 満 95／中堅	清水隆行 64／左翼	仁志敏久 134／二塁(ゴ)	井端弘和 94／遊撃	井端弘和 46／遊撃	2001	
宮本慎也 114／遊撃(ゴ)	真中 満 79／中堅	二岡智宏 87／遊撃	清水隆行 138／左翼(ベ)(安)	荒木雅博 77／二塁	井端弘和 132／遊撃(ベ)	2002	
宮本慎也 140／遊撃(ゴ)	真中 満 43／中堅	二岡智宏 79／遊撃(ベ)	清水隆行 64／中堅	井端弘和 80／遊撃	大西崇之 34／左翼	2003	
宮本慎也 80／遊撃	真中 満 43／中堅	清水隆行 115／左翼	仁志敏久 137／二塁	井端弘和 112／遊撃(ベ)(ゴ)	荒木雅博 108／二塁(ベ)(ゴ)	2004	
宮本慎也 82／遊撃	青木宣親 90／中堅(ベ)(首)(安)(新)	二岡智宏 62／遊撃	清水隆行 104／左翼	井端弘和 143／遊撃(ベ)(ゴ)	荒木雅博 144／二塁(ベ)(ゴ)	2005	
リグス 123／一塁	青木宣親 146／中堅(ベ)(ゴ)(安)(盗)	鈴木尚広 41／中堅	脇谷亮太 40／二塁	井端弘和 118／遊撃(ベ)(ゴ)	荒木雅博 97／二塁(ベ)(ゴ)	2006	
田中浩康 84／二塁(ベ)	青木宣親 117／中堅(ベ)(ゴ)(安)(出)	谷 佳知 109／左翼	高橋由伸 115／右翼(ベ)(ゴ)	荒木雅博 97／二塁(ゴ)(盗)	井端弘和 110／遊撃(ベ)(ゴ)	2007	
宮本慎也 60／遊撃	福地寿樹 90／右翼(盗)	木村拓也 72／二塁	鈴木尚広 49／中堅(ゴ)	井端弘和 75／遊撃(ゴ)	荒木雅博 91／二塁(ゴ)	2008	
田中浩康 61／二塁	福地寿樹 68／左翼(盗)	松本哲也 93／中堅(ゴ)(新)	坂本勇人 114／遊撃(ベ)	荒木雅博 105／二塁(ゴ)	井端弘和 112／遊撃(ゴ)	2009	
田中浩康 103／二塁	青木宣親 98／中堅(ベ)(ゴ)(首)	松本哲也 74／中堅	坂本勇人 139／遊撃	大島洋平 57／中堅	荒木雅博 135／遊撃	2010	
田中浩康 121／二塁	青木宣親 139／中堅(ベ)(ゴ)	藤村大介 47／二塁(盗)	坂本勇人 108／遊撃	井端弘和 82／二塁	荒木雅博 127／遊撃	2011	
田中浩康 65／二塁(ベ)(ゴ)	ミレッジ 54／左翼	藤村大介 45／二塁	長野久義 117／中堅(ベ)(ゴ)(安)	荒木雅博 80／二塁	大島洋平 98／中堅(ベ)(ゴ)(盗)	2012	
上田剛史 76／中堅	山田哲人 60／二塁	松本哲也 41／中堅	長野久義 96／中堅(ベ)(ゴ)	荒木雅博 75／二塁	大島洋平 109／中堅	2013	
上田剛史 56／中堅	山田哲人 135／二塁(ベ)(安)	片岡治大 74／二塁	坂本勇人 58／遊撃	荒木雅博 93／二塁	大島洋平 117／中堅(ゴ)	2014	井端移籍
川端慎吾 70／三塁(ベ)(ゴ)(首)(安)	山田哲人 68／二塁(ベ)(M)(本)(出)(盗)	片岡治大 85／二塁	立岡宗一郎 67／中堅	亀澤恭平 79／二塁	大島洋平 120／中堅(ゴ)	2015	井端引退
川端慎吾 58／三塁	坂口智隆 71／中堅	橋本 到 35／中堅	長野久義 82／右翼	荒木雅博 64／二塁	大島洋平 125／中堅(ゴ)	2016	
山崎晃大朗 47／中堅	坂口智隆 91／中堅	マギー 59／三塁	陽 岱鋼 59／中堅	荒木雅博 54／二塁	京田陽太 112／遊撃(新)	2017	
青木宣親 86／中堅	坂口智隆 64／一塁	吉川尚輝 66／二塁	坂本勇人 92／遊撃(ベ)	京田陽太 105／遊撃	大島洋平 69／中堅(ゴ)	2018	荒木引退
青木宣親 100／中堅	太田賢吾 59／三塁	坂本勇人 117／遊撃(ベ)(ゴ)(M)	亀井善行 72／右翼	京田陽太 71／遊撃	平田良介 69／右翼	2019	参考

＊選手名の下の数字は、当該打順で先発出場した試合数。右は、先発でいちばん多かったポジション（ほかの打順での先発も含む）。
(ベ)＝ベストナイン、(ゴ)＝ゴールデングラブ賞、(M)＝MVP（最優秀選手）、(首)＝首位打者、(本)＝本塁打王、(打)＝打点王、
(安)＝最多安打、(出)＝最高出塁率、(盗)＝盗塁王、(新)＝新人王

	年度	広島		阪神		横浜（2011年まで）→DeNA（12年以降）	
		2番	1番	2番	1番	2番	1番
荒木入団	1996	正田耕三 110／二塁	緒方孝市 101／右翼 (ゴ)(盗)	久慈照嘉 124／遊撃	和田豊 82／三塁	石井琢朗 46／遊撃	石井琢朗 81／遊撃
	1997	緒方孝市 93／右翼 (ゴ)(盗)	野村謙二郎 94／遊撃	久慈照嘉 104／遊撃	和田豊 81／二塁	波留敏夫 83／中堅	石井琢朗 94／遊撃 (ベ)(盗)
井端入団	1998	正田耕三 76／二塁	野村謙二郎 124／遊撃	今岡誠 79／遊撃	坪井智哉 98／右翼	波留敏夫 97／中堅	石井琢朗 112／遊撃 (ベ)(ゴ)(安)(盗)
	1999	東出輝裕 53／二塁	緒方孝市 94／中堅 (ゴ)	和田豊 78／二塁	坪井智哉 114／右翼	波留敏夫 127／中堅	石井琢朗 129／遊撃 (ベ)(盗)
	2000	東出輝裕 103／遊撃	木村拓也 121／二塁	和田豊 37／二塁	坪井智哉 106／左翼	金城龍彦 93／三塁 (首)(新)	石井琢朗 116／遊撃 (ベ)(盗)
	2001	東出輝裕 104／遊撃	木村拓也 94／中堅	赤星憲広 91／中堅 (ゴ)(盗)(新)	上坂太一郎 62／二塁	金城龍彦 98／中堅	石井琢朗 139／遊撃 (ベ)(安)
	2002	東出輝裕 96／遊撃	木村拓也 44／二塁	赤星憲広 40／中堅 (盗)	今岡誠 98／二塁 (ベ)	種田仁 47／二塁	石井琢朗 133／遊撃
	2003	木村拓也 86／二塁	緒方孝市 44／中堅	赤星憲広 138／中堅 (ベ)(ゴ)(盗)	今岡誠 115／二塁 (ベ)(ゴ)(首)	石井琢朗 61／遊撃	金城龍彦 109／中堅
	2004	嶋重宣 65／右翼 (ベ)(首)(安)	緒方孝市 80／中堅	赤星憲広 67／中堅 (ゴ)(盗)	今岡誠 65／二塁	種田仁 47／三塁 内川聖一 47／二塁	石井琢朗 126／遊撃
	2005	山﨑浩司 54／遊撃	緒方孝市 51／中堅	鳥谷敬 90／遊撃	赤星憲広 144／中堅 (ベ)(ゴ)(盗)	小池正晃 95／左翼	石井琢朗 146／遊撃
	2006	梵英心 80／遊撃 (新)	東出輝裕 103／二塁	関本健太郎 73／三塁	赤星憲広 119／中堅 (ゴ)	小池正晃 79／中堅	石井琢朗 144／遊撃
	2007	東出輝裕 77／二塁	梵英心 99／遊撃	赤星憲広 90／中堅	鳥谷敬 109／遊撃	石井琢朗 77／遊撃	仁志敏久 133／二塁
	2008	東出輝裕 40／二塁 (ベ) 赤松真人 40／中堅 天谷宗一郎 40／中堅	東出輝裕 71／二塁 (ベ)	平野恵一 94／二塁	赤星憲広 137／中堅 (ゴ)	仁志敏久 111／二塁	大西宏明 41／左翼
	2009	赤松真人 56／中堅	東出輝裕 88／二塁 (ベ)	関本賢太郎 70／一塁	赤星憲広 73／中堅	藤田一也 64／二塁	金城龍彦 35／中堅
	2010	梵英心 102／遊撃 (ゴ)(盗)	東出輝裕 102／二塁	平野恵一 126／二塁 (ベ)(ゴ)	マートン 88／中堅 (ベ)(安)	石川雄洋 78／遊撃	内川聖一 56／一塁、右翼
	2011	木村昇吾 59／遊撃	東出輝裕 93／二塁	平野恵一 81／二塁 (ベ)(ゴ)	マートン 73／右翼 (ベ)(安)	石川雄洋 57／遊撃	石川雄洋 63／遊撃
	2012	菊池涼介 51／二塁	天谷宗一郎 46／左翼	大和 72／中堅	上本博紀 49／二塁	内村賢介 57／二塁	荒波翔 99／中堅 (ゴ)
	2013	菊池涼介 99／二塁 (ゴ)	ルイス 43／左翼	大和 97／中堅	西岡剛 110／二塁 (ベ)	内村賢介 54／二塁	石川雄洋 103／一塁
井端移籍	2014	菊池涼介 140／二塁 (ゴ)	堂林翔太 53／右翼	大和 102／中堅 (ゴ)	上本博紀 123／二塁	山崎憲晴 57／遊撃	石川雄洋 66／二塁
井端引退	2015	菊池涼介 122／二塁 (ゴ)	丸佳浩 63／中堅 (ゴ)	大和 49／二塁	鳥谷敬 99／遊撃 (ベ)(ゴ)	白崎浩之 36／遊撃	石川雄洋 66／二塁
	2016	菊池涼介 140／二塁 (ゴ)(安)	田中広輔 142／遊撃	大和 36／二塁	髙山俊 55／左翼 (新)	石川雄洋 55／二塁	桑原将志 98／中堅
	2017	菊池涼介 136／二塁 (ベ)(ゴ)	田中広輔 142／遊撃 (ベ)(出)(盗)	上本博紀 106／二塁	髙山俊 47／左翼	梶谷隆幸 59／右翼	桑原将志 143／中堅 (ゴ)
荒木引退	2018	菊池涼介 136／二塁 (ゴ)	田中広輔 116／遊撃 (ゴ)	北條史也 48／遊撃	糸原健斗 86／二塁	ソト 48／右翼 (ベ)(本)	神里和毅 45／右翼
参考	2019	菊池涼介 135／二塁 (ゴ)	西川龍馬 60／中堅	糸原健斗 79／二塁	近本光司 108／中堅 (盗)	筒香嘉智 35／左翼	神里和毅 82／中堅

巻末付録 アライバ時代の1・2番打者 全球団比較リスト パ・リーグ編

＊1番打者、2番打者として、チームでいちばん多く先発出場した選手

ロッテ 2番	ロッテ 1番	近鉄（2004年まで）／楽天（2005年以降） 2番	近鉄（2004年まで）／楽天（2005年以降） 1番	日本ハム 2番	日本ハム 1番	年度	
南渕時高 48／二塁	諸積兼司 60／中堅	水口栄二 84／二塁	大村直之 40／中堅 中根 仁 40／中堅	金子 誠 90／二塁 (新)	デューシー 100／左翼	1996	荒木入団
小坂 誠 121／遊撃 (新)	堀 幸一 68／二塁	水口栄二 86／二塁	大村直之 57／中堅	金子 誠 133／二塁	田中幸雄 73／遊撃	1997	
小坂 誠 71／遊撃 (盗)	平井光親 67／右翼	水口栄二 58／二塁	大村直之 118／中堅 (ベ)(ゴ)	奈良原 浩 102／遊撃	田中幸雄 87／遊撃	1998	井端入団
小坂 誠 94／遊撃 (ゴ)	諸積兼司 85／中堅	武藤孝司 55／遊撃	大村直之 91／中堅	小笠原道大 117／一塁 (ベ)(ゴ)	石本 努 72／左翼	1999	
小坂 誠 38／遊撃 (ゴ)(盗)	諸積兼司 82／中堅	水口栄二 54／二塁	水口栄二 53／二塁	小笠原道大 120／一塁 (ゴ)(安)	石本 努 37／中堅	2000	
サブロー 29／中堅 諸積兼司 29／中堅	小坂 誠 132／遊撃 (ゴ)	水口栄二 109／二塁	大村直之 133／中堅	奈良原 浩 59／遊撃	小笠原道大 51／一塁 (ベ)(ゴ)(安)	2001	
サブロー 63／中堅	諸積兼司 45／左翼	水口栄二 87／二塁	大村直之 92／中堅	奈良原 浩 66／遊撃	金子 誠 60／遊撃	2002	
福浦和也 31／一塁 (ゴ)	小坂 誠 78／遊撃	水口栄二 76／二塁	大村直之 123／中堅 (ゴ)	坪井智哉 36／右翼	石本 努 56／中堅	2003	
堀 幸一 85／二塁	井上 純 37／左翼	水口栄二 107／二塁	大村直之 113／中堅	SHINJO 61／中堅 (ベ)(ゴ)	坪井智哉 52／右翼	2004	
		楽天（2005年以降）					
堀 幸一 91／二塁 (ベ)	西岡 剛 66／遊撃 (ベ)(遊撃)(ゴ)(二塁)(盗)	高須洋介 69／二塁	礒部公一 89／右翼	木元邦之 63／二塁	森本稀哲 56／中堅	2005	
堀 幸一 35／二塁	西岡 剛 106／遊撃 (盗)	高須洋介 77／二塁	鉄 平 64／中堅	田中賢介 88／二塁 (ベ)(ゴ)	森本稀哲 115／左翼 (ゴ)	2006	
早川大輔 97／中堅	TSUYOSHI 124／遊撃 (ベ)(ゴ)	高須洋介 104／二塁	渡辺直人 80／遊撃	田中賢介 135／二塁 (ベ)(ゴ)	森本稀哲 144／中堅 (ベ)(ゴ)	2007	
根元俊一 50／二塁	西岡 剛 103／遊撃	高須洋介 69／二塁	渡辺直人 105／遊撃	田中賢介 39／二塁 (ゴ)	森本稀哲 105／中堅 (ゴ)	2008	
福浦和也 52／一塁	西岡 剛 88／遊撃	渡辺直人 57／遊撃	渡辺直人 60／遊撃	森本稀哲 85／左翼	田中賢介 143／二塁 (ベ)(ゴ)	2009	
今江敏晃 64／三塁	西岡 剛 144／遊撃 (ベ)(ゴ)(首)(安)	渡辺直人 35／遊撃	聖澤 諒 116／中堅	森本稀哲 108／左翼	田中賢介 135／二塁 (ベ)(ゴ)	2010	
伊志嶺翔大 56／左翼	岡田幸文 97／中堅 (ゴ)	内村賢介 80／二塁	松井稼頭央 79／遊撃	陽 岱鋼 87／右翼	スケールズ 52／二塁	2011	
根元俊一 86／遊撃	岡田幸文 70／中堅 (ゴ)	銀 次 77／二塁	聖澤 諒 123／中堅 (盗)	小谷野栄一 76／三塁	田中賢介 53／二塁 (ベ)	2012	
角中勝也 58／右翼	根元俊一 93／二塁	藤田一也 119／二塁 (ベ)(ゴ)	岡島豪郎 52／右翼	大引啓次 72／遊撃	陽 岱鋼 115／中堅 (ゴ)(盗)	2013	
鈴木大地 83／遊撃	荻野貴司 33／中堅	藤田一也 124／二塁 (ベ)(ゴ)	岡島豪郎 59／右翼	中島卓也 57／二塁	西川遥輝 89／二塁 (盗)	2014	井端移籍
鈴木大地 55／遊撃	荻野貴司 57／左翼	藤田一也 54／二塁	松井稼頭央 42／右翼 聖澤 諒 42／中堅	中島卓也 86／遊撃 (ベ)(盗)	西川遥輝 75／左翼	2015	井端引退
高濱卓也 29／三塁	岡田幸文 57／中堅	藤田一也 52／二塁 (ゴ)	岡島豪郎 76／右翼	中島卓也 50／遊撃	西川遥輝 70／左翼 (ベ)	2016	
荻野貴司 47／中堅	荻野貴司 39／中堅	ペゲーロ 90／右翼	茂木栄五郎 84／遊撃	松本 剛 88／右翼	西川遥輝 122／中堅 (ベ)(ゴ)(盗)	2017	
藤岡裕大 116／遊撃	荻野貴司 77／中堅	茂木栄五郎 54／遊撃	田中和基 88／中堅 (新)	大田泰示 78／右翼	西川遥輝 106／中堅 (ゴ)(盗)	2018	荒木引退
鈴木大地 89／一塁	荻野貴司 120／中堅 (ベ)(ゴ)	島内宏明 53／左翼	茂木栄五郎 111／遊撃	大田泰示 120／右翼	西川遥輝 129／中堅 (ゴ)	2019	参考

＊選手名の下の数字は、当該打順で先発出場した試合数。右は、先発でいちばん多かったポジション（ほかの打順での先発も含む）。
(ベ)＝ベストナイン、(ゴ)＝ゴールデングラブ賞、(M)＝MVP（最優秀選手）、(首)＝首位打者、(本)＝本塁打王、(打)＝打点王、
(安)＝最多安打、(出)＝最高出塁率、(盗)＝盗塁王、(新)＝新人王

	年度	ダイエー(2004年まで)→ソフトバンク(05年以降)		オリックス		西武	
		2番	1番	2番	1番	2番	1番
荒木入団	1996	浜名千広 120/遊撃	村松有人 90/左翼(ベ)(盗)	大島公一 70/二塁(ベ)(ゴ)	イチロー 79/右翼 (ベ)(ゴ)(M)(首)(安)(出)	松井稼頭央 60/遊撃	大友　進 45/中堅
	1997	浜名千広 75/遊撃	村松有人 75/左翼	大島公一 85/二塁(ゴ)	田口　壮 134/左翼(ゴ)	松井稼頭央 64/遊撃(ベ)(ゴ)(盗)	松井稼頭央 70/遊撃(ベ)(ゴ)(盗)
井端入団	1998	柳田聖人 65/三塁	柴原　洋 65/中堅(ベ)	大島公一 87/二塁	田口　壮 77/二塁、左翼	大友　進 75/中堅(ゴ)	松井稼頭央 127/遊撃(ベ)(ゴ)(M)(盗)
	1999	浜名千広 67/二塁	柴原　洋 103/中堅	大島公一 85/二塁	田口　壮 50/二塁	小関竜也 63/右翼	大友　進 58/中堅(ゴ)
	2000	村松有人 69/左翼	柴原　洋 122/中堅(ベ)(ゴ)	大島公一 109/二塁(ベ)(ゴ)	田口　壮 88/左翼(ゴ)	小関竜也 49/右翼	大友　進 51/中堅
	2001	バルデス 120/左翼	柴原　洋 137/中堅(ゴ)	大島公一 94/二塁	塩崎　真 75/遊撃	小関竜也 47/右翼	柴田博之 49/中堅
	2002	バルデス 43/左翼	柴原　洋 98/中堅	大島公一 75/二塁	大島公一 33/二塁	小関竜也 128/右翼(ベ)(ゴ)	松井稼頭央 139/遊撃(ベ)(ゴ)(安)
	2003	川﨑宗則 101/三塁	村松有人 106/中堅(ゴ)	大島公一 44/三塁	大島公一 51/三塁	小関竜也→小関竜弥 92/右翼	松井稼頭央 128/遊撃(ベ)(ゴ)
	2004	川﨑宗則 98/遊撃(ベ)(ゴ)(安)(盗)	井口資仁 49/二塁(ベ)(ゴ)	大島公一 37/二塁	村松有人 87/中堅(ゴ)	小関竜弥 63/右翼	佐藤友亮 53/右翼
	2005	川﨑宗則 88/遊撃	大村直之 95/中堅(ゴ)	平野恵一 77/二塁	村松有人 61/左翼	赤田将吾 68/中堅	栗山　巧 61/右翼
	2006	川﨑宗則 110/遊撃(ベ)(ゴ)	大村直之 132/中堅(安)	村松有人 36/中堅	村松有人 46/中堅	片岡易之 83/二塁	福地寿樹 61/右翼
	2007	川﨑宗則 71/遊撃	大村直之 76/左翼(ベ)	村松有人 77/左翼	大西宏明 49/中堅	片岡易之 103/二塁(盗)	福地寿樹 53/中堅
	2008	川﨑宗則 53/遊撃	本多雄一 91/二塁	村松有人 47/左翼	坂口智隆 102/中堅(ゴ)	栗山　巧 130/左翼(ベ)(安)	片岡易之 135/二塁(ベ)(安)(盗)
	2009	川﨑宗則 123/遊撃	本多雄一 125/二塁	大引啓次 65/遊撃	坂口智隆 90/中堅(ゴ)	栗山　巧 129/中堅	片岡易之 136/二塁(盗)
	2010	本多雄一 136/二塁(盗)	川﨑宗則 136/遊撃	赤田将吾 44/右翼	坂口智隆 123/中堅(ゴ)	栗山　巧 94/中堅(ベ)(ゴ)	片岡易之 135/二塁(盗)
	2011	本多雄一 144/二塁(ベ)(ゴ)(盗)	川﨑宗則 144/遊撃	大引啓次 64/遊撃	坂口智隆 140/中堅(ゴ)(安)	原　拓也 78/二塁	栗山　巧 84/中堅(ベ)
	2012	明石健志 67/遊撃	本多雄一 79/二塁(ゴ)	大引啓次 56/遊撃	スケールズ 46/右翼	秋山翔吾 64/中堅	栗山　巧 64/左翼
	2013	今宮健太 76/遊撃(ゴ)	中村　晃 101/右翼	安達了一 52/遊撃	坂口智隆 63/中堅	秋山翔吾 47/中堅(ゴ)	ヘルマン 76/三塁
井端移籍	2014	今宮健太 132/遊撃(ベ)(ゴ)	中村　晃 99/左翼(安)	安達了一 87/遊撃	平野恵一 70/二塁	渡辺直人 72/遊撃	秋山翔吾 56/中堅
井端引退	2015	中村　晃 28/右翼	中村　晃 38/右翼	安達了一 82/遊撃	ヘルマン 34/三塁	栗山　巧 93/左翼	秋山翔吾 143/中堅(ベ)(ゴ)(安)
	2016	今宮健太 56/遊撃(ゴ)	福田秀平 38/右翼	安達了一 77/遊撃	西野真弘 55/二塁	秋山翔吾 51/中堅(ゴ)	秋山翔吾 86/中堅(ゴ)
	2017	今宮健太 117/遊撃(ベ)(ゴ)	明石健志 53/一塁	西野真弘 52/二塁	宮﨑祐樹 30/中堅	源田壮亮 130/遊撃(新)	秋山翔吾 111/中堅(ベ)(ゴ)(首)(安)
荒木引退	2018	今宮健太 48/遊撃	上林誠知 49/右翼	福田周平 49/二塁	宗　佑磨 48/中堅	源田壮亮 131/遊撃(ベ)(ゴ)	秋山翔吾 136/中堅(ベ)(ゴ)(安)
参考	2019	今宮健太 61/遊撃	牧原大成 54/二塁	福田周平 33/二塁	福田周平 92/二塁	源田壮亮 125/遊撃(ベ)(ゴ)	秋山翔吾 106/中堅(ベ)(ゴ)(安)

※2005年、ロッテの西岡剛は、遊撃でベストナイン、二塁でゴールデングラブ賞を受賞。TSUYOSHI=西岡剛
※片岡易之=片岡治大

※太字はリーグ最高、カッコ内は故意四球（敬遠）

犠飛	四球	死球	三振	併殺打	打率	出塁率	長打率
0	6	1	8	0	.245	.339	.265
2	16	2	22	1	.306	.351	.372
2	49(2)	6	60	10	.262	.330	.326
0	53(1)	6	77	11	.290	.361	.363
1	28	2	50	9	.267	.319	.342
3	54	5	74	16	.302	.367	.395
2	72(3)	6	77	11	.323	.405	.413
1	61	4	72	13	.283	.355	.365
1	63(1)	5	74	13	.296	.368	.393
2	37(1)	3	56	7	.277	.340	.368
2	72	6	66	13	.306	.388	.381
2	21(1)	3	28	13	.261	.345	.294
2	25(1)	0	53	10	.234	.280	.271
1	52(2)	3	58	14	.284	.356	.331
0	38	4	51	13	.236	.323	.273
1	18	0	24	11	.256	.328	.329
2	37	3	36	4	.234	.331	.279
24	702(12)	59	886	169	.281	.352	.352

※太字はリーグ最高

遊撃						外野					
試合	刺殺	補殺	失策	併殺	守備率	試合	刺殺	補殺	失策	併殺	守備率
12	23	34	0	10	1.000						
51	70	122	5	16	.975	21	18	0	1	0	.947
134	193	381	4	66	**.993**	11	16	2	0	0	1.000
134	**237**	387	6	69	**.990**						
104	150	319	2	62	**.996**						
138	**213**	**472**	4	90	**.994**						
146	204	**480**	5	**97**	.993						
146	**242**	475	4	77	**.994**						
144	222	**465**	6	97	**.991**						
106	139	311	8	50	**.983**						
144	218	**477**	8	**92**	.989						
8	15	18	2	1	.943						
140	186	450	4	**94**	**.994**						
93	118	248	6	40	.984						
14	9	18	0	4	1.000						
11	11	28	1	4	.975						
1525	2250	4685	65	869	.991	32	34	2	1	0	.973

表彰

・ベストナイン：
5回（ショート／2002、04〜07年）

・ゴールデングラブ賞：
7回（ショート／2004〜09、12年）

・オールスターゲーム優秀選手賞：
1回（2007年第2戦）

・オールスターゲームベストバッター賞：
1回（2009年第2戦）

・アジアシリーズMVP：1回（2007年）

・WBC（ワールド・ベースボール・クラシック）
2次ラウンドMVP（2013年）

・WBCベストナイン（指名打者／2013年）

おもな個人記録

・サイクルヒット：
2002年9月21日対横浜25回戦
（ナゴヤドーム）※史上53人目

・オールスターゲーム出場：8回
（2001、02、05、07〜2011年）

・オールスターゲーム5打席連続安打：
2009年 第1〜2戦 ※史上3人目

背番号

中日ドラゴンズ

・**48**（1998〜2002年）

・**6**（2003〜13年）

読売ジャイアンツ

・**2**（2014〜15年）

・**82**（引退後、コーチ／2016〜18年）

日本代表「侍ジャパン」

・**3**（2003年 WBC）

・**82**（引退後、コーチ／2017〜）

#6

HIROKAZU IBATA

巻末付録 井端弘和 年度別成績&主要記録ほか

年度別打撃成績(一軍)

年度	チーム	試合	打席	打数	得点	安打	二塁打	三塁打	本塁打	塁打	打点	盗塁	盗塁刺	犠打
1998	中日	18	60	49	2	12	1	0	0	13	2	4	0	4
2000	中日	92	270	242	35	74	7	0	3	90	16	6	8	8
2001	中日	**140**	625	531	53	139	25	3	1	173	32	14	**12**	37
2002	中日	135	596	531	67	154	25	1	4	193	25	6	9	6
2003	中日	105	447	386	44	103	14	0	5	132	27	5	3	30
2004	中日	**138**	642	562	81	170	30	2	6	222	57	21	10	**18**
2005	中日	**146**	659	560	87	181	22	5	6	231	63	22	8	19
2006	中日	**146**	666	573	97	162	19	2	8	209	48	17	12	27
2007	中日	**144**	**665**	588	87	174	34	4	5	231	45	23	6	8
2008	中日	106	466	408	51	113	16	3	5	150	23	8	3	16
2009	中日	**144**	**657**	569	80	174	24	2	5	217	39	13	7	8
2010	中日	53	212	180	18	47	6	0	0	53	16	0	0	6
2011	中日	104	434	376	28	88	9	1	1	102	29	3	3	31
2012	中日	140	553	489	35	139	17	0	2	162	35	4	4	8
2013	中日	100	376	326	30	77	9	0	1	89	18	0	2	8
2014	巨人	87	187	164	16	42	3	0	3	54	16	0	0	4
2015	巨人	98	321	269	20	63	9	0	1	75	19	3	3	10
通算		1896	7836	6803	831	1912	270	23	56	2396	510	149	90	248

年度別守備成績(一軍)

年度	一塁						二塁						三塁					
	試合	刺殺	補殺	失策	併殺	守備率	試合	刺殺	補殺	失策	併殺	守備率	試合	刺殺	補殺	失策	併殺	守備率
1998							6	5	10	1	2	.938						
2000							23	15	22	0	7	1.000	2	2	3	0	0	1.000
2001							15	9	10	0	3	1.000						
2002																		
2003																		
2004																		
2005																		
2006													2	0	0	0	0	—
2007																		
2008																		
2009																		
2010							45	114	114	1	27	.996						
2011							102	260	328	5	54	**.992**	2	1	2	0	0	1.000
2012																		
2013							2	1	3	0	0	1.000						
2014	14	36	2	0	7	1.000	42	84	84	1	21	.994	16	4	7	0	1	1.000
2015	26	154	10	1	9	.994	33	63	55	1	10	.992	39	23	35	2	2	.967
通算	40	190	12	1	16	.995	268	551	626	9	124	.992	61	30	47	2	3	.975

※太字はリーグ最高、カッコ内は故意四球(敬遠)

犠飛	四球	死球	三振	併殺打	打率	出塁率	長打率
0	1(1)	1	16	1	.179	.203	.209
0	0	0	0	0	.000	.000	.000
0	0	0	1	0	.250	.250	.250
2	0	0	4	0	.200	.167	.200
1	20	1	48	3	.338	.384	.434
2	9	3	59	8	.259	.279	.296
3	25(6)	3	68	6	.237	.283	.314
3	26	2	87	7	.292	.322	.349
4	36	5	74	13	.291	.332	.345
0	26(1)	1	49	8	.300	.338	.358
1	22	0	55	8	.263	.296	.302
1	35	2	81	8	.243	.292	.301
1	25	4	70	14	.270	.304	.320
1	38(1)	2	73	8	.294	.339	.377
1	36	3	73	4	.263	.312	.319
2	19	2	65	4	.251	.280	.314
2	25(1)	1	33	10	.222	.276	.249
1	39(1)	3	63	7	.268	.338	.329
1	20	0	31	1	.251	.315	.299
0	15	3	39	9	.246	.290	.291
0	13	0	41	8	.249	.286	.281
0	1	0	13	2	.268	.277	.378
26	431(11)	36	1043	129	.268	.309	.324

※太字はリーグ最高

遊撃						外野					
試合	刺殺	補殺	失策	併殺	守備率	試合	刺殺	補殺	失策	併殺	守備率
16	12	16	1	2	.966	44	37	0	0	0	1.000
						5	3	0	0	0	1.000
						12	5	0	0	0	1.000
						34	12	1	0	0	1.000
1	0	0	0	0	–	59	71	1	2	0	.973
1	0	1	0	0	1.000	28	36	0	0	0	1.000
9	7	13	0	1	1.000						
						8	11	0	0	0	1.000
1	2	0	0	0	1.000						
134	226	383	20	69	.968						
127	200	387	17	67	.972						
						2	2	1	0	0	1.000
						2	0	0	0	0	–
289	447	800	38	139	.987	192	177	3	2	0	.989

表彰

- **盗塁王**：1回(2007年)
- **ベストナイン**：3回(セカンド／2004〜06年)
- **ゴールデングラブ賞**：
  6回(セカンド／2004〜09年)
- **日本シリーズ優秀選手賞**：1回(2007年)
- **オールスターゲームMVP**：
  1回(2008年第2戦)
- **セ・リーグ連盟特別表彰**(功労賞／2018年)

おもな個人記録

- **2000本安打**：
  2017年6月3日、対東北楽天(ナゴヤドーム)2回戦 ※史上48人目
- **1試合4安打以上9回**(2004年)
  ※日本プロ野球記録
- **シーズン623打数**(2005年)※セ・リーグ記録
- **オールスターゲーム出場**：
  5回(2005、08、09、11、12年)

背番号

中日ドラゴンズ

- **2**(1996〜2018年)
- **88**(引退後、コーチ／2019年〜同年2月28日まで、及び同年3月4日〜)
- **207**(2019年3月1日〜同年3月3日)
  ※引退試合出場のための登録上のもの。引退試合は2で出場

北京オリンピック日本代表

- **2**(2008年)

#2

MASAHIRO ARAKI

荒木雅博 年度別成績&主要記録ほか

年度別打撃成績(一軍)

年度	チーム	試合	打席	打数	得点	安打	二塁打	三塁打	本塁打	塁打	打点	盗塁	盗塁刺	犠打
1997	中日	63	74	67	9	12	2	0	0	14	2	12	4	5
1998	中日	7	1	1	2	0	0	0	0	0	0	0	1	0
1999	中日	16	4	4	4	1	0	0	0	1	0	1	3	0
2000	中日	40	12	10	11	2	0	0	0	2	3	3	0	0
2001	中日	111	304	272	53	92	12	1	4	118	23	13	9	10
2002	中日	131	445	406	43	105	7	1	2	120	18	16	4	25
2003	中日	133	472	417	42	99	13	5	3	131	41	16	8	24
2004	中日	**138**	640	602	93	176	23	1	3	210	44	39	9	7
2005	中日	145	674	**623**	88	181	22	3	2	215	41	42	11	6
2006	中日	112	506	464	69	139	19	1	2	166	31	30	7	15
2007	中日	113	510	457	66	120	15	0	1	138	25	**31**	6	30
2008	中日	130	591	538	64	131	15	2	4	162	28	32	7	15
2009	中日	140	631	**582**	80	157	21	1	2	186	38	37	**14**	19
2010	中日	136	625	579	65	170	29	5	3	218	39	20	8	5
2011	中日	135	593	543	58	143	20	2	2	173	24	18	**9**	10
2012	中日	129	569	510	50	128	21	1	3	160	31	12	4	36
2013	中日	105	384	338	35	75	9	0	0	84	19	12	6	18
2014	中日	109	471	395	46	106	17	2	1	130	21	17	1	33
2015	中日	97	238	211	23	53	10	0	0	63	13	9	1	6
2016	中日	93	321	289	25	71	8	1	1	84	16	13	0	14
2017	中日	85	267	249	17	62	6	1	0	70	8	5	0	5
2018	中日	52	84	82	11	22	6	0	1	31	3	0	2	1
通算		2220	8416	7639	954	2045	275	27	34	2476	468	378	114	284

年度別守備成績(一軍)

年度	一塁						二塁						三塁					
	試合	刺殺	補殺	失策	併殺	守備率	試合	刺殺	補殺	失策	併殺	守備率	試合	刺殺	補殺	失策	併殺	守備率
1997	1	0	0	0	0	—	2	0	1	0	0	1.000						
1998													1	0	1	0	0	1.000
1999							1	1	0	0	0	1.000						
2000																		
2001	1	2	0	0	0	1.000	50	104	120	5	14	.978						
2002							114	201	268	7	38	.985						
2003							129	**255**	**341**	6	54	.990						
2004							**138**	**320**	**402**	6	**91**	.992						
2005							**145**	**410**	**496**	7	**114**	.992						
2006							103	256	293	**12**	47	.979						
2007							113	284	345	9	69	.986						
2008							130	329	415	11	74	.985						
2009							140	**358**	**450**	11	80	.987						
2010							3	5	12	0	1	1.000						
2011							26	33	30	0	8	1.000						
2012							129	389	401	**15**	85	.981						
2013							99	242	274	7	57	**.987**						
2014							108	279	284	6	77	**.989**						
2015							76	141	142	4	27	.986						
2016							83	185	200	3	43	.992						
2017							71	147	178	2	41	.994						
2018							27	31	47	0	6	1.000						
通算	2	2	0	0	0	1.000	1687	3790	4699	111	926	.987	1	0	1	0	0	1.000

[著者プロフィール]

井端弘和　Hirokazu Ibata

1975年5月12日生まれ、神奈川県川崎市出身。堀越高校－亜細亜《あじあ》大学－中日ドラゴンズ（98～2013年）－読売ジャイアンツ（14～15年）。堀越高校で、2度甲子園に出場。亜細亜大学では、東都大学1部リーグで3季連続ベストナインに選出。97年オフのドラフトで中日から5位指名を受け、入団。1番セカンド荒木雅博、2番ショート井端の通称「アライバ」コンビで、多くのファンを魅了する。さらに、13年のWBC（ワールド・ベースボール・クラシック）では、9回二死2ストライクから起死回生の同点タイムリーを放《はな》つなど、打撃でも抜群の勝負強さを発揮し、同大会ベストナインの指名打者（DH）部門にも選ばれた。13年オフに巨人へ移籍。15年シーズンをもって現役を引退。通算成績は、1896試合出場、打率.281、ベストナイン5回（02年、04～07年）、ゴールデングラブ賞7回（04～09年、12年）。引退後の16～18年は巨人の内野守備・走塁コーチ。17年から日本代表「侍ジャパン」の内野守備・走塁コーチを務め、19年からは、強化本部編成戦略担当も兼務。同年の第2回WBSCプレミア12の初優勝、10年ぶりの世界一奪還をベンチから支えた。近著に『内野守備の新常識 4ポジションの鉄則・逆説&バッテリー・外野・攻撃との関係』（廣済堂出版刊）などがあるほか、アライバコンビの復活で話題を呼んだYouTube「イバTV～井端弘和公式チャンネル」も、好評配信中。

荒木雅博　Masahiro Araki

1977年9月13日生まれ、熊本県菊池郡菊陽町《きくようまち》出身。熊本工業高校－中日ドラゴンズ（96～2018年）。熊本工業高校で、2度甲子園に出場。95年オフのドラフトで中日に1位指名され、入団。01年途中から1番セカンドに定着し、打撃で1・2番、守備で二遊間を組む井端弘和との「アライバ」コンビとして名を馳《は》せる。とくに守備では、ともに04年から09年まで6年連続でゴールデングラブ賞を受賞した。04年には1試合4安打以上を9回という日本プロ野球記録をマークし、リードオフマンとしても活躍する。俊足も生かし、07年には盗塁王を獲得。落合博満監督が指揮を執《と》った04～11年には、リーグ優勝4度（04、06、10、11年）、日本一1度（07年）に、主力選手として貢献した。10、11年シーズンは、荒木がショート、井端がセカンドへと、互いが入れ替わるコンバートが行われたが、12年には元へ戻る形へ再コンバートされた。現役生活22年目となった17年6月3日の東北楽天戦（ナゴヤドーム）で、史上48人目の2000本安打を達成し、名球会入りを果たす。18年シーズンをもって、現役を引退。通算成績は、2220試合出場、打率.268、378盗塁（チーム歴代1位）、ベストナイン3回（04～06年）、ゴールデングラブ賞6回（04～09年）。引退後の19年は、中日二軍内野守備・走塁コーチ、20年から同一軍内野守備・走塁コーチとして、後進の指導にあたっている。

MASTERS
METHOD

アライバの鉄則

史上最高コンビの守備・攻撃論&プレー実践法・野球道・珠玉の対談

2020年8月1日　第1版第1刷
2021年2月24日　第1版第3刷

著者　井端弘和
　　　荒木雅博

協力　株式会社 中日ドラゴンズ
企画・プロデュース　寺崎江月(株式会社 no.1)
構成　菊地高弘
撮影　石川耕三(私服・対談写真など)
写真協力　産経新聞社・スポーツニッポン新聞社(本文ユニフォーム写真など)
装丁・本文デザイン　大坂智(有限会社 PAIGE)
デザイン協力　永瀬洋一(有限会社 デザインコンプレックス)　南千賀　木村ミユキ
DTP　株式会社 三協美術
編集協力　長岡伸治(株式会社 プリンシパル)　浅野博久(株式会社ギグ)
　　　　　森真平　根本明　松本恵
編集　岩崎隆宏(廣済堂出版)

発行者　伊藤岳人
発行所　株式会社 廣済堂出版
〒101-0052 東京都千代田区神田小川町2-3-13 M&Cビル7F
電話　編集 03-6703-0964／販売 03-6703-0962
FAX　販売 03-6703-0963
振替　00180-0-164137
URL　https://www.kosaido-pub.co.jp
印刷所・製本所　株式会社 廣済堂

ISBN978-4-331-52296-7　C0075

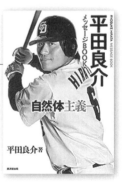

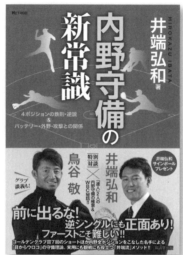